上古禪讓者之末

大舜

暢談遠古傳說、
辯論禪讓爭議、走訪帝王遺跡，
還原不一樣的聖人形象

秦永洲——著

爹不疼娘不愛，弟弟整天想衝康他，卻每次都聖母心爆發？
「不孝有三，無後為大。」這句話全是孟子為了護航偶像？
設「誹謗之木」廣於採納人民意見，對我有不滿就說出來！

以「舜」的事蹟與遺跡為主軸，上溯五千年的歷史，
藉由探詢濟南歷史的縱深，找到整個中華民族共同的精神價值！

目錄

目錄

目錄 ————————————————

第一章
聞說東夷有聖人

第一章　聞說東夷有聖人

　　濟南的山、泉、湖、河、城，以及大街小巷，處處都有舜的遺跡。例如，濟南有「舜城」之稱，城南的千佛山又稱舜山、舜耕山，山上有舜祠。濟南古代城池南門為「舜田門」，舜田門內有舜井街，舜井街上有舜井、舜廟。趵突泉院內有紀念舜的兩個妃子娥皇、女英的廟宇，叫娥英祠，趵突泉流出的水稱娥英水、娥英河。泉城廣場文化長廊排列著十大山東名人，第一位就是舜。另外，濟南還有以舜耕命名的中學和小學，有一條大路叫舜耕路。所有這些歷史遺跡和紀念性的建築，形成了濟南特有的大舜文化。

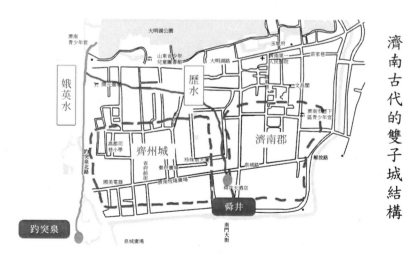

濟南古代的「雙子城」結構

▋聖賢桑梓 ── 濟南歷下所在的東夷族

　　大舜出身於遠古時期的東夷族，是東夷族人人尊崇的部落首領。大舜文化中蘊含許多文化精神，都與東夷文化息息相關。大舜早期的活動地域主要以濟南歷下為中心，因此要了解大舜，首先要了解遠古時濟南歷下所在的東夷族的歷史。

濟南千佛山下的大舜銅像

第一章　聞說東夷有聖人

　　東夷並非民族概念，而是對生活在東方的不同部落、方國的統稱，他們有著不同的文化、習俗、語言、種族、傳統和起源。早期東夷中有許多部族逐漸融入進華夏族群之中，比如東夷的首領少昊、舜，秦人的祖先伯益等。

　　西周齊、魯立國之前，遠古時代的山東先民被稱作「東夷」。先秦文獻中的東夷，專指分布在今山東、蘇北、淮北地區那些非華夏的方國和部落。「夷」的名稱，約產生於夏代，與「華」、「夏」並稱。在商代甲骨文中，「夷」字經常出現，泛指居住在華夏統治中心之外的周邊部族。

　　西漢戴聖的《禮記·曲禮下》稱：「其在東夷，北狄，西戎，南蠻，雖大，曰『子』。」意思是說，在周朝，天子為王，以下有公、侯、伯、子、男等爵位，中原華夏族的諸侯國稱公、侯，如齊桓公、魏文侯等。周邊的東夷、北狄、西戎、南蠻等方國，即便再大，也只能稱「子」。這裡的「夷」，才開始有「東方之人」的意思。

　　《禮記·王制》講：「中國戎夷，五方之民，皆有性也，不可推移。東方曰夷，被髮紋身，有不火食者矣。南方曰蠻，雕題交趾，有不火食者矣。西方曰戎，被髮衣皮，有不粒食者矣。北方曰狄，衣羽毛穴居，有不粒食者矣。」這裡講的是周邊各族生活方式的不同階段和特點：東夷族披髮紋身，有的因不知道用火而生食；南蠻族額上刺花紋，兩腳向

裡勾，有的不知道用火而生食；西戎族和北狄族披頭散髮，或穿獸皮，或穿羽毛而穴居，有的只知道吃鳥獸的肉而不知道種植糧食，還沒有原始的農業。

東漢許慎《說文解字・大部》講：「夷，平也。從大，從弓，東方之人也。」許慎不僅明確了夷為「東方之人」的說法，還講到東夷人個子高，善於製作和使用弓箭。

夏朝、商朝的統治中心在今山西、陝西、河南的黃河中游地區，「東夷」既然在這個統治中心之外的東邊，那麼就只能是以今山東為中心的東部地區了。

中國文化的形成，不是由一個文化中心向四周擴散、輻射而成，而是一開始就呈現文化中心多元化和多個文化中心向中原內聚的格局，後來逐漸融入統一的華夏文化之中。關於遠古四夷向華夏中心的內聚，《孟子・離婁下》的一段話頗有參考價值：「舜生於諸馮，遷於負夏，卒於鳴條，東夷之人也。文王生於岐周，卒於畢郢，西夷之人也。地之相去也，千有餘里；世之相後也，千有餘歲。得志行乎中國，若合符節。先聖後聖，其揆一也。」孟子的意思是說，舜和周文王分別是東夷、西夷之人，空間相隔千餘里，時間相差千餘年，但他們的文化精神都被華夏中國奉行不替，只要文化相通，先聖、後聖，準則是一樣的。也就是說，東夷的舜，西夷的文王，都融入華夏文化之中了。

第一章　聞說東夷有聖人

西周中原文化崛起之前，華夏和四夷的界限並不像後來那樣涇渭分明，中原部族也沒有後來那麼濃重的優越感和文化中心意識。在一段很長的時間內，東夷文化一直居領先地位。中國的龍、鳳文化就是東夷太昊、少昊創立的圖騰意識，而黃帝的雲圖騰、炎帝的火圖騰，卻不被後人看重，逐漸被淡化了。古代二十八宿把四方的星象看成四種圖案，叫做四象。《禮記·曲禮》稱：「前朱鳥而後玄武，左青龍而右白虎。」這四種圖像中，南方朱鳥、北方龜蛇、東方青龍與東夷族的圖騰有關，可見東夷文化的影響深遠。春秋時期的郯國國君談到自己祖先東夷少昊氏「以鳥名官」的這段歷史時，不僅展示了淵博的知識，而且充滿了無限的自豪感，連通悉三代因革損益而自詡的孔子也為之折服，拜倒在郯子門下，並發出了「天子失官，學在四夷」的感嘆。少昊的一整套「鳥名官」的組織系統，蚩尤、羿的軍事武力，龍山文化（距今四千六百至四千年前）的黑陶，發達的東夷音樂等，均在當時居領先地位。

唐朝大詩人杜甫在〈陪李北海宴歷下亭〉詩中曾留下「海右此亭古，濟南名士多」的佳句。在傳說的東夷族歷史上，可以說是名士輩出，這些名士往往都是華夏族尊崇的聖人，最為著名的部落首領有太昊、少昊、蚩尤、顓頊、帝嚳、大舜、共工、羿、伯益等。東夷族各部落主要以龍、

蛇、鳳、鳥、太陽為圖騰，以鳥類圖騰居多。其中，最主要
的部落有風姓、姜姓、嬴姓、姚姓等。本書的主角舜，就是
東夷族後期的著名首領。

濟南千佛山「堯帝訪賢」主題廣場上的東夷族圖騰石

沿濟南千佛山正北門東面的側門向南走，在索道站東北
側是「堯帝訪賢」主題廣場。在舜的背後，有一塊東夷族圖
騰石，中間是太陽，太陽內有一人搭弓射箭，周圍是各種姿
態的鳥和白雲，就是東夷族鳥圖騰、太陽圖騰以及東夷人尚
武善射的生動寫照。

「堯帝訪賢」主題廣場西邊的樹林向南的大舜石圖園，
是系統表述東夷族文化和舜文化的地方，九根石柱上刻有堯
舜相見、舜命禹治水、舜帝東巡、黃帝戰蚩尤、嫦娥奔月、

第一章　聞說東夷有聖人

東夷族圖騰、羿射九日、夸父逐日、舜耕歷山、虞舜三次罹難、舜帝南巡等圖案。

由東夷族的簡略情況可以看出，傳說中的舜所出身的東夷族遠古時代的特點和文化特徵：

（一）以人為主體的時代

在東夷神話中，自然神被人類神所替代，極大地突出了人類自身的主體性。羿射日的神話，對太陽表示了極大的詆毀和不敬，說明東夷族文化業已擺脫自然崇拜，而進入以人為主體的時代。東夷神話中的主角都是人的形象，他們的業績在於創造、抗爭和征服，如太昊伏羲氏、少昊氏、蚩尤、舜、伯益、羿等，不僅需要神技，還要有超人的膽略。蚩尤、羿的神話展示了人類英雄突出的個性、勇氣和人類對自身不可動搖的信念。把蚩尤說成是「不死之神」，謳歌了人類頑強的生命力。

（二）對自然的支配、征服

東夷族的神話和傳說，反映了我們的祖先在生產力低下的情況下對大自然奧祕的探索，對神靈和人類險惡環境的抗爭、征服、改造、利用，對遠古生活的創造和開拓。太昊伏羲氏等人類物質生活的創立者，都表現出了強大的創造力和征服、改造、利用自然以開拓新生活的能力。三皇五帝時

期，黃河氾濫，舜任命大禹以及夷、夏聯合治水，這一壯舉最積極的意義，在於表現了遠古人類在滅頂之災面前強大的生命力和再生力。世界遠古各族幾乎都有關於大洪水的傳說，毀滅性的洪水被認為是不可戰勝的大天災，唯獨華夏族的洪水被治理得「地平天成」，於神話傳說中隱寓了人定勝天、改造自然、造福人類的積極精神，這是舜領導的夷、夏聯合治水的真正意義，而這正是對東夷文化精神的直接傳承。

正是人類強大的主體意識和征服自然的堅強信念，支撐山東初民走過那險惡而艱難的年代。它真實地記錄了中華民族在童年時代蹣跚的足印，作為中華民族的文化源頭，在很大程度上影響了民族精神的形成及其特徵的塑造，成為中華民族生生不息的源泉。

（三）厚生愛民意識

對百姓的愛護和尊重，是中國文化的一貫精神。《周易·繫辭下》所謂「天地之大德曰生」，就反映了這種思想。東夷族神話在展示人類惡劣的生存境遇的同時，還為人類塑造了一些保護神，如太昊伏羲氏、羿、舜、伯益等。此外，還有一些神話形象，如太昊氏的龍圖騰、少昊氏的鳳圖騰等。《山海經·南山經》稱鳳凰「見則天下安寧」，意思是祂們一出現，天下就會太平。

第一章　聞說東夷有聖人

（四）強大的東方軍事部落

　　蚩尤銅頭鐵額，人身牛蹄，四目六手，能呼風喚雨興霧，被人們奉為「戰神」、「兵主」、「不死之神」，黃帝在東夷女神玄女的幫助下才戰勝了他，並畫他的神像以震懾天下，可見蚩尤神的威力之大。在帝俊（嚳）、堯面對十日並出危害天下蒼生的局面束手無策時，東夷族的羿卻憑藉著自己高超的射藝救天下蒼生於水火。這些傳說本身就說明了東夷族強大的軍事武力。

（五）豐富的想像力

　　遠古的東夷族有著豐富的想像力，東夷神話展開幻想的翅膀在廣闊的宇宙空間盡情地翱翔，用幻想的方式設計了許多荒誕悖理的神奇現象。嫦娥奔月，蚩尤造霧、呼風喚雨，夐（ㄠˋ）陸地行舟，舜為龍工、鳥工等傳說，都為後來的研究提供了課題。

　　人類奔往月球的最初遐想，始於東夷族，古代許多典籍都記載了東夷族嫦娥奔月的故事。嫦娥和吳剛、蟾蜍、桂樹是人類幻想中月球上最早的居民和生物，這些傳說還成為中秋節風俗的淵源，反映了古人對東夷文化的認同。把嫦娥奔月和舜鳥工上廩的故事連繫起來，說明東夷族不僅有奔上月球的幻想，還知道利用空氣浮力，如果沿著這一思路繼續前

進，說不定山東會成為宇宙飛船、飛機和降落傘的故鄉。

（六）重技藝，尚德行

　　東夷族的生產力水準和征服自然的能力在當時來說相當先進。從「尚儀作占月」和東夷部落娵訾（ㄐㄩ ㄗ）氏擅長占月的傳說來看，東夷的天文學非常發達，人們了解了月亮圓缺出沒的情況，自然會附會出東夷族嫦娥奔月的神話。

　　東夷族太昊氏的輔佐神句（ㄍㄡ）芒手拿規，少昊氏的輔佐神蓐（ㄖㄨˋ）收手執矩，伯益作井，奚仲造車等，都表現了東夷族既重技藝又尚德行的傳統。東夷族較高的生產能力，不僅是舜進行各項發明創造的前提，也是後來齊魯手工業發達的淵源。

　　山東嘉祥武氏祠的漢代畫像石中，女媧手執規、太昊伏羲氏手執矩，這些崇高而偉大的人文始祖也手執規矩，從事技藝，更足見東夷族對技藝的重視。東夷族射日的羿、陸地盪舟的奡，更是以技藝高超而得到擁戴。

　　「重技藝，尚德行」作為東夷文化的獨到之處，影響深遠。舜作為萬代敬仰的仁義道德明君竟然有鑿井、作室、築牆、茨屋、闢地等諸多的創造發明，與東夷文化這種獨特精神有著必然的連繫。舜帝治理天下的一系列輝煌成果，就是以東夷族先進的文化為深刻背景的。

第一章 聞說東夷有聖人

▍虞舜不逢堯，耕耘處中田 ── 舜的家世

現在我們往往用以元謀人、藍田人、北京人為代表的猿人，丁村人為代表的古人，山頂洞人為代表的新人，以及氏族公社時期來標誌遠古的中國歷史，而在古傳說中，遠古歷史體系卻是「自從盤古開天地，三皇五帝到如今」。「三皇」燧人氏、伏羲氏、神農氏之後，黃帝、顓頊、帝嚳、唐堯、虞舜相繼王天下，是為「五帝」。

五帝時期的古傳說，已沒有太多離奇荒誕的神味，其主角往往是半人半神，與現實拉近了距離。黃河流域以及周邊各地林立著許多以城為中心的部落方國，形成一個個方國文化中心。中華五千年文明業已萌動，氏族間的血親復仇已升級為以征服、掠奪為目的的戰爭，私有制不斷加劇著階級分化，各種國家機器呼之欲出，新的階級社會已來敲門了。黃帝戰蚩尤，顓頊敗共工，堯四處征伐，相繼為中原盟主，開始把各地的方國文化融為統一的華夏文化。不久，中原再度陷入混亂，堯無力平息，東夷部落的舜被推上歷史舞臺。

據《史記·五帝本紀》記載，舜是黃帝的七世孫，從黃帝到舜，依次的世系是：

黃帝 → 昌意 → 顓頊 → 窮蟬 → 敬康 → 句（ㄍㄡ）望 → 橋牛 → 瞽（ㄍㄨˇ）叟 → 舜

虞舜不逢堯，耕耘處中田—舜的家世

黃帝、顓頊都是人人擁戴的五帝之一，自窮蟬開始這一支衰落，一直到瞽叟都是平民。瞽叟是個盲人樂師，妻子握登在諸馮東十三里的姚墟生下舜，子孫們以地為姓，故姓姚。又因為舜生於有虞氏部落，史稱虞舜。舜娶娥皇、女英於「媯（ㄍㄨㄟˊ）水之汭（ㄖㄨㄟˋ）（意為河流彎曲的地方）」，所以舜是姚姓、媯姓的始祖。傳說握登見彩虹感而生下舜，而舜的眼睛有兩層瞳孔，故名重華，字都君。

《孟子·離婁下》載：「舜生於諸馮，遷於負夏，卒於鳴條，東夷之人也。」諸馮、負夏、鳴條，都是地名。一說諸馮即今山東諸城，當地有舜王街等地名，因此至今尚有「虞舜，姓姚，名重華，今諸城市萬家莊鄉諸馮村人」的說法。先秦時的鳴條有多處，舜去世的鳴條說法不一，《禮記·檀弓上》說：「舜葬於蒼梧之野。」東漢鄭玄認為鳴條是南夷地名，即今湖南境內。

《史記·五帝本紀》的記載與《孟子》略同：「舜耕歷山，漁雷澤，陶河濱，作什器於壽丘，就時於負夏。」這裡敘述了舜早期的生產活動，在歷山耕田，在雷澤打漁，在河濱製作陶器，在壽丘製作各種家用器物，在負夏經營商業。雷澤又名雷夏澤、兗州澤，在今山東菏澤東北，唐以後乾涸，隋開皇十六年（西元五九六年）設雷澤縣，金貞元二年（西元一一五四年）廢入鄄城（在今山東菏澤）。

第一章　聞說東夷有聖人

可見，至少在登帝位之前，舜主要活動的地區是今山東濟南、諸城、濟寧一帶，而這一帶正是遠古東夷族的中心。

舜的母親握登早亡，父親瞽叟又娶一妻，生了個兒子名叫象，女兒名叫敤（ㄎㄜˇ）手。舜這個同父異母的妹妹敤手，心地善良。傳說她手特別巧，是中國歷史上最早的以畫入史的畫祖，被稱作畫嫘（ㄌㄟˊ）。西漢劉向《列女傳》盛讚她善畫，「造化在心，別具神技」。

西漢史學家司馬遷在《史記·五帝本紀》中用「舜父瞽叟頑，母囂（ㄧㄣˊ），弟象傲」來描繪舜的繼母和弟弟象，可知這三人絕非善類。尤其是舜的弟弟象，依仗父母溺愛，經常欺壓舜，父母不僅不制止，反而對象言聽計從。頑劣父親、惡毒後母、傲慢弟弟三個人惡惡聯手，忠厚孝悌的舜時刻處在他們的百般刁難和肆意陷害之中。後來，象竟和父母串通起來，要謀殺舜，企圖獨吞家產。面對欲殺害自己的父親和弟弟，舜非但不怨恨，反而越來越恭敬謹慎，一時一刻也不敢懈怠，遇到事情總是機敏應對，從不違背做兒子、做哥哥的孝悌之禮。就這樣，父母和像要加害舜的時候，他及時逃避；需要他時，舜又總是在他們身邊聽候呼喚，正如《史記·五帝本紀》所說「欲殺，不可得；即求，嘗在側」。舜的這些做法，被儒家稱作「小杖則受，大杖則走」。

　　由此可以看出，舜不僅宅心仁厚、善良篤謹，而且聰慧敏銳、深明事理，與父親等三人的周旋可以說是輕鬆從容、遊刃有餘。於是，舜孝敬父母、和睦弟弟的故事逐漸在東夷族中流傳開來。到二十歲時，舜已經以孝聞名天下了。根據這些傳說推論，此時舜即便沒擔任東夷族的首領，也應該是東夷族很有影響的人物了。宋朝詩人李流謙在〈失題〉中寫道：「名高天不掩，舜聰徹幽阻。」意思就是聰明的舜在險境中與居心不良的父母、弟弟周旋，不僅生存下來，而且名聞天下，連老天都不掩蓋他的美名。

▎獨具慧眼的「四岳」

　　舜所處的五帝時代屬於父系氏族公社時期，正是由「天下為公」的大同社會向「天下為家」的小康社會即階級社會過渡的時期。按照傳統慣例，從天下的最高統治者，到部落聯盟的各級首領、官長都要透過選舉產生。不僅如此，部落、氏族的各項重大事務，以及負責重大事務的人選，也不能由一人專制，而是大家協商決定，這就是所謂的氏族民主時代。

　　據《尚書·堯典》、《史記·五帝本紀》等古代典籍記載，堯舜時期，天下諸多事務的參議者，一般是四岳，他們似乎是堯舜執掌天下的智囊團。由於四岳是遠古傳說中的歷史人物，古代典籍中有不同的記載，歷來爭議較多，主要有

第一章　聞說東夷有聖人

兩種說法：

宋朝孔平仲在《珩璜新論》中認為四岳是一個人，他寫道：「吾嘗以四岳為一人，通二十二人之數。……《書》內有百揆、四岳，若以為四人，則百揆亦須為百人矣。」孔平仲把四岳和三老、五更、百揆相類比，根據史料記載，判斷三老、五更和百揆是官名，皆由一人執掌，由此斷定四岳應當是一人。

《史記》認為四岳是四個人，因此司馬遷在描寫四岳回答堯舜的問題時都是用「皆曰」，表示多人異口同聲。遠古傳說的歷史人物本來就不能過於苛求，有多個人、多種說法，都是正常的。我們姑且採用《史記》的說法，把四岳作為堯舜時期的四方部落首領。

據《尚書·堯典》記載，堯晚年的時候，洪水氾濫，派鯀（ㄍㄨㄣˇ）治水九年徒勞無功，三苗又不斷挑起叛亂。堯感到力不從心，於是他到處訪賢，尋找繼承人。

堯向四岳徵求意見說：「唉！四方部落首領啊！我在位七十年，你們之中有誰能夠順應上天的命令，代替我登上帝位啊？」

四岳紛紛推辭說：「我們的德行鄙陋，不配登帝位。」

堯遲疑了一下說：「那麼你們考察一下貴戚中的賢人，或是地位雖然低賤實際上卻是賢能的人，選擇一個最賢德的人登上帝位吧！」

大家告訴堯：「民間有一個處境困苦的人，名字叫虞舜。」

堯說：「是啊！我也聽說過這個人，但他的德行到底怎樣呢？」

四岳繼續推薦說：「他是瞽叟的兒子，其父心術不正，其母奸詐刻薄，其弟象恃寵傲慢，處處刁難舜，而舜卻能和他們和睦相處，以自己的孝行美德感化他們，將家務處理得十分妥善，使父親、弟弟的惡行及時得到糾正和彌補，不至於釀成大錯、流於奸邪。」

聽了四岳的介紹後，堯也覺得舜可堪大任，但他還是慎重地說：「讓我再考驗考驗舜吧！」

濟南千佛山的堯帝訪賢石雕像

第一章　聞說東夷有聖人

濟南千佛山景區東門附近，有一組「堯帝訪賢」的三人石雕像，造型十分傳神。堯帝輕裝簡從，拱手而立，身旁有一侍者，對面是拱手施禮的舜，堯、舜二人似乎在侃侃交談。此組石雕像表達的就是堯聽了四岳的推薦，親自前往歷山微服尋訪，在田間遇到年輕的舜，對他進行考察的場景。

堯接受了四岳的推薦後，對舜進行了長時間的考察和考驗。他不但把兩個女兒娥皇、女英嫁給舜，考察他對家室的態度，還命九個兒子和舜一起工作，考察舜的能力。

看來，即便是在遠古選賢、讓賢的禪讓時代，要確立一個接班人也絕非易事，也要慎重地選拔、精心地培養。值得稱讚的是，四岳不僅不貪大位，而且能夠慧眼識賢才，勇於讓賢、薦賢，忠誠地實踐了「天下為公」的時代要求，不愧是堯舜時代的賢良輔佐。堯舜時代的太平盛世，固然是堯舜孜孜求治的結果，然而四岳慧眼薦聖君也功不可沒。

說到娥皇、女英嫁舜這種姊妹同夫的情況，可看作群婚制的殘餘。在母系氏族社會實行族外群婚，甲氏族的一群兄弟出嫁到乙氏族，和乙氏族的一群姐妹互為婚姻。到了父系氏族社會，實行對偶婚，男女雙方在一定時期內保持相對穩定的夫妻關係。女子出嫁到外氏族，群婚的因素有條件地保留在男子身上，男子可以妻妾成群，而女子只能擁有一個丈夫。不過，按照司馬遷在《史記·五帝本紀》中敘述的世系，舜與娥皇、女英的輩分卻差了許多。舜的世系是：

黃帝 → 昌意 → 顓頊 → 窮蟬 → 敬康 → 句望 →
橋牛 →瞽叟 →舜

娥皇、女英也是黃帝的後裔，她們的世系是：

黃帝 →玄囂 → 蟜（ㄐㄧㄠˇ）極 → 帝嚳 → 放勛
（堯）→ 娥皇、女英

娥皇、女英和舜的曾祖父句望一個輩分，用民間的話說
是舜的老姑奶奶。如果不是司馬遷弄錯的話，這應該是同輩
婚之前「亂婚」的殘餘。

第一章　聞說東夷有聖人

第二章
歷經考驗的舜

第二章　歷經考驗的舜

▎舜耕歷山 —— 象耕鳥耘的故事

　　舜從平民變為堯的女婿，開始被看作堯的接班人培養，但他仍然過著和平民一樣的生活。這是因為，在遠古氏族時代，即便是五帝之一的堯本人也不高高在上，既不脫離勞動，也不脫離民眾。婚後的舜仍然躬耕於歷山，更加勤奮努力，恭謹地愛民教民。

　　舜耕田的歷山，就是今天濟南的千佛山。在西漢以前，沒有濟南的稱呼，當時稱作「歷下」，即「歷山之下」之意。春秋戰國時期，濟南已設「歷下邑」，歷山的稱謂當早於春秋戰國時期。因舜躬耕於歷山，故歷山又被稱作舜山、舜耕山。《隋書・地理志》記載，齊郡歷城「有舜山」。隋朝開皇年間，佛教在山東盛行，朝廷依山崖石壁刻了許多佛像，興建千佛寺，因而得名千佛山。

　　最早記載舜耕歷山的是《尚書・大禹謨》：「帝初於歷山，往於田。」其次是《墨子・尚賢》：「古者舜耕歷山，陶河瀕，漁雷澤。」到西漢，司馬遷《史記・五帝本紀》「舜耕歷山，漁雷澤，陶河濱，作什器於壽丘，就時於負夏」的記載。

　　就是這個傳說中的「歷山」，後世竟演變出八座。據《古今圖書集成・山川典》第二十三卷《歷山部》講：「天下稱舜耕之歷山有八，在山東者三，在山西者一，在浙江者三，在直隸者一。」如唐朝詩人張濯曾撰〈題舜廟〉：

古都遺廟出河濱，萬代千秋仰聖君。

蒲坂城邊長逝水，蒼梧野外不歸雲。

詩中的「河濱」、「蒲坂」均在今山西境內，張漊認為歷山在山西。

山東的三處歷山，第一處是濟南的千佛山，古有舜祠，今濟南所屬的歷城亦因歷山而命名；第二處在山東鄄城北舊城東南，相傳為舜耕處，山上有舜廟，山下有姚城，相傳是舜所生之姚墟；第三處在「兗州府費縣城西一百二十里」，相傳為舜耕處，其旁有舜祠，東北有雷澤湖。

歷代學者曾寫過許多考證歷山的篇章，其中北宋曾鞏〈齊州二堂記〉講得比較實際，且令人信服：「蓋《史記·五帝紀》謂：『舜耕歷山，漁雷澤，陶河濱，作什器於壽丘，就時於負夏。』鄭康成釋：歷山在河東，雷澤在濟陰，負夏，衛地。皇甫謐釋：壽丘在魯東門之北。河濱，濟陰定陶西南陶丘亭是也。以予考之，耕稼陶漁，皆舜之初，宜同時，則其地不宜相遠。二家所釋雷澤、河濱、壽丘、負夏，皆在魯衛之間，地相望，則歷山不宜獨在河東也。」

曾鞏的意思是說，耕稼陶漁是舜的早期生業，既然雷澤、河濱、壽丘、負夏都在魯衛之間，歷山也不會相去很遠。更不會像東漢鄭玄（字康成）所說的，跑到山西去。既然舜是東夷之人，舜耕的歷山就應該在古代的山東。

第二章　歷經考驗的舜

「舜耕歷山」只是個傳說，舜是東夷族的首領，受到山東人的普遍尊奉是很正常的，非要詳細考證其準確地點，既是徒勞，又無必要。山東的這三座歷山既然都有「舜耕」的傳說，就同是山東舜耕文化的組成部分。

同樣，舜是中華民族共同的人文道德始祖，得到全國人民的普遍尊奉也是正常的，山西、浙江、直隸的歷山，也都是中國舜耕文化的組成部分。由歷山推衍到各地的舜廟（祠）、舜井、姚墟、雷澤、河濱，歷代文人學士有關舜、舜廟（祠）、舜井的詩文，也都是大舜文化的組成部分，都反映了民眾對大舜的崇敬和讚頌。

前面說到，舜的父親瞽叟是個雙目失明的人，還是個昏聵顢頇（ㄇㄢˊ ㄏㄢ）的老糊塗，繼妻是個蠻不講理的悍婦，舜同父異母的弟弟象好逸惡勞、遊手好閒，他們沆瀣一氣，成天盤算著怎麼虐待舜。舜在他們的刁難、打罵中長大，依然孝順父母，但繼母還是想方設法趕舜走，並最終將舜趕出了家門。

有家不能歸的舜就到了歷山媯水邊搭個茅棚住下，開始燒荒墾地。開始階段，舜以野果子充飢，日出而作，日落而息。後來，象耕鳥耘的奇事出現了。

有一天，舜在田間墾荒，疲倦了就在地頭休息，忽然聽見了「撲哧，撲哧」的鼻息聲。他抬頭一看，只見一隻大象

從對面山上一步一步走向歷山，一直走到他墾荒的地方，大象用鼻子捲起一塊巨大而尖利的石塊，一下一下用力地刨地。大象力大無窮，一會兒就刨了一大片地。之後，大象天天到歷山幫舜刨地。有了大象的幫助，舜開墾耕地變多了。他在地裡全部種上莊稼，很快雜草叢生，他又開始忙碌地除草，忙不過來時，一群一群的小鳥飛來，蹦蹦跳跳地幫他啄去地裡的雜草和害蟲。這就是「舜耕歷山，象耕鳥耘」的典故。

　　這個典故由來已久，雖然是傳說，在古代典籍中卻多次出現。東漢王充在《論衡・偶會篇》曾把「舜葬蒼梧，象為之耕；禹葬會稽，鳥為之佃」指責為「失事之實，虛妄之言」，可見漢代就已經流傳此說。南朝梁武帝的長子蕭統統合文人共同編選的、中國現存最早的一部詩文總集《文選》（或稱《昭明文選》）收錄了西晉著名文學家、齊國臨淄人左思的〈吳都賦〉，其中有「象耕鳥耘，此之自與」之句。唐朝人李善引《越絕書》解釋說：「舜死蒼梧，象為之耕；禹葬會稽，鳥為之耘。」可見本來像耕鳥耘的傳說是象為舜耕、鳥為禹耘，可舜當上天子後，把天下治理得井井有條，創造了政通人和的太平盛世，他的功德感動天地，天降祥瑞，百獸起舞，鳳凰來翔，於是後人就把這一傳說都放在舜身上了。唐朝詩人陸龜蒙〈象耕鳥耘辯〉稱：「世謂舜之在

第二章　歷經考驗的舜

下也，田於歷山，象為之耕，鳥為之耘。聖德感召也。」後來的《二十四孝》也奉行不替，把「象耕鳥耘」都放到舜身上，說「舜耕於歷山，有象為之耕，鳥為之耘」。如果連繫舜「百獸起舞，鳳凰來翔」的傳說，放到舜身上也是合情合理的。這些傳說，當然是後人的附會，卻蘊含著儒家文化孝感天地的基本精神，也表達了後人對這位人文始祖的崇拜和敬仰。

陳少梅《二十四孝》圖之〈孝感動天〉

濟南千佛山東北麓有一花崗岩「舜耕歷山」雕塑，大舜手扶犁具，大象在舜右側，似乎是在幫助舜用犁耕田，兩位

勞者在一側輔助,腳下是收割的稻穀。舜的時代還沒有犁具,創作者採用理想化的手法,形象地表達了「象耕」這一主題。

　　千佛山舜祠門前平臺下面是一塊直立的石壁,石壁上有「象耕鳥耘」巨幅畫像。天空中飛鳥穿梭於白雲之間,田地上一隻大象用套繩拉犁前進,後面的舜右手扶犁,左手高舉,樣態揮灑自如。兩旁對聯寫著:「歷下欣同堯日舜天,濟南喜沐齊風魯雨。」用現代形象化的想像力表現了舜耕歷山、象耕鳥耘的情景。

濟南千佛山鐫刻〈齊州二堂記〉的石璜

第二章　歷經考驗的舜

濟南千佛山的舜耕歷山石雕像

濟南千佛山舜祠下面石壁上鑲嵌的象耕鳥耘圖

一年成聚，二年成邑，三年成都 —— 萬民所歸的人格感召力

　　舜的聖德不僅感化了天地，而且感化了民眾，被孔子稱為「聖人之德化」，也就是我們所說的人格感召力。舜在各方面都表現出卓越的才能和高尚的人格力量，只要是他活動的地方，便興起禮讓的風尚。

　　據《韓非子》記載，歷山的農人發生了糾紛，堯為了考驗舜才派他往耕歷山，目的是處理、解決問題。舜不僅曾被分派到歷山，還被分派到雷澤、河濱等好幾個出現難題的地方。《韓非子‧難一》是這樣記載的：

　　歷山之農者侵畔，舜往耕焉，期年，甽（ㄑㄩㄢˇ）畝正。河濱之漁者爭坻（ㄔˊ），舜往漁焉，期年而讓長（ㄓㄤˇ）。東夷之陶者器苦窳，舜往陶焉，期年而器牢。仲尼嘆曰：「耕、漁與陶，非舜官也，而舜往為之者，所以救敗也。舜其信仁乎！乃躬藉處苦而民從之。故曰：聖人之德化乎！」

　　《史記‧五帝本紀》記載的地名與《韓非子》略有不同：「舜耕歷山，歷山之人皆讓畔；漁雷澤，雷澤上人皆讓居；陶河濱，河濱器皆不苦窳。」為了便於敘述，我們以《史記》的地名為準。

　　歷山的農人因互爭地界而發生糾紛，舜接受堯的委派往耕歷山，一年後，受到舜的德行的感召，歷山一帶的民眾由

第二章　歷經考驗的舜

爭地界到不爭地邊，互相禮讓，自覺地在地塊與地塊之間都讓出一道埝（ㄕㄤ）溝。據說，農村地塊與地塊之間留埝溝的習慣，就是從舜開始的。

歷山的糾紛解決後，雷澤的漁民又發生了爭執。原來，雷澤中有一塊塊露出水面的小洲或小塊高地，叫做「坻」。漁民們習慣在上面居住，或是放線釣魚，可人多坻少，便發生了爭坻的糾紛。於是，堯又把舜派往雷澤。與在歷山同樣，舜一邊勞動，一邊解決問題。一年後，在舜的德行的感召下，雷澤的漁民紛紛開始讓坻。

爭坻的問題解決後，舜又被派往河濱製陶。這個河濱，《史記·五帝本紀》裴駰集解說在「濟陰定陶西南陶丘亭」，張守節正義說在「曹州濱河」[01]，均在今山東境內，根據山東龍山文化中黑陶的出土範圍，應在舜所處的濟水之濱，或者是今山東境內的泗水之濱、瓠河之濱。

原來，那裡製作出來的陶器粗劣而不能使用，人們叫苦連天。舜到河濱後，親自動手製陶，帶動周圍的人認真做事，精益求精，杜絕粗製濫造的現象。他細心鑽研，從製陶用的泥土、製作工藝、火候、陶窯之中找出問題，一一改進。在舜的帶領下，河濱一帶燒製出的陶器不僅實用，而且造型優美、色澤光亮，民眾再不為盆罐粗劣而叫苦。

01　史記三家注，即為《史記》作注釋的有南朝宋裴駰的集解，唐朝司馬貞的索隱，以及唐朝張守節的正義。

一年成聚，二年成邑，三年成都—萬民所歸的人格感召力

因此，舜無論到哪裡，問題都能得到解決，人們都願意追隨他，百姓團結，社會和諧，人人安居樂業。一年後，外地四面八方的民眾都來到大舜這裡居住；兩年後，人聚為城；三年後，這裡就成了大都市。這就是《史記·五帝本紀》說「成都」的典故，即「一年而所居成聚，二年成邑，三年成都」。

據《戰國策·齊策四》記載，舜有雄陶、方回、續牙、伯陽、東不訾、秦不虛、靈甫七位患難與共、生死相隨的朋友，稱作「舜七友」。舜受父親、繼母虐待，生活異常艱難，七友常為他排憂解難。舜被派往雷澤，七友與舜同舟共濟、排除萬難，終於完成使命。從「舜七友」的傳說中，也可看出舜的親和力與感召力。

《太平御覽》卷八十一《皇王部六·帝舜有虞氏》引用了《尸子》[02] 稱讚舜的話語：「舜兼愛百姓，務利天下。其田也，荷彼耒耜（ㄌㄟˇ ㄙˋ），耕彼南畝，與四海俱有其利。其漁雷澤也，旱則為耕者鑿瀆，儉則為獵者表虎。故有光若日月，天下歸之若父母……有虞之君天下也，使天下貢善；商周之君天下也，使天下貢財。」這段話的意思是：舜兼愛百姓，務利天下，在歷山親執耒耜耕田，與四海同利。在雷澤打魚，遇到乾旱，就幫助耕種的人開挖水渠以

02　《尸子》是戰國時期道家思想家尸佼（約西元前 390 至前 330 年）的著作。

第二章　歷經考驗的舜

灌溉農田，因為野獸害人則為狩獵的人指示老虎出沒的時間和地點，所以舜「光若日月，天下歸之若父母」。舜治理天下，讓天下民眾貢獻善行；商周統治天下，讓天下民眾繳納財物。

明朝嘉靖進士、山東鄄城人李先芳在〈舜廟詩〉稱讚舜的「讓畔」、「成都」說：

> 歷山高枕瓠河隅，遺廟千秋壯版圖。
> 土俗至今傳讓畔，居人猶自說成都。

李先芳是山東菏澤鄄城人，他說的歷山當然是鄄城瓠子河畔的歷山，而詩中「讓畔」、「成都」所讚頌的舜耕文化精神，與濟南歷山卻是一致的。

由此我們可以體味出舜耕文化所蘊含的道德精神：孝悌、禮讓、德化、愛民、勸善、利天下，還有更重要的一點就是：萬民所歸的人格感召力。

堯得知這些情況後，賞給舜一件細葛布衣、一架琴和一群牛羊，還為他修築了倉廩，以示褒獎。

濟南考古館館藏

▍〈南風〉奏舜琴，天心知舜孝

然而，當舜有了家室後，父親瞽叟和弟弟象就迫不及待地想害死舜，占有他的財產，象更是想除掉哥哥來霸占兩位漂亮的嫂嫂，舜時刻處在他們的陰謀和陷害之中。

（一）「鳥工」救危難

一天，瞽叟誘騙舜上倉廩屋頂上塗泥。舜爬上了屋頂後，象便抽掉了梯子，瞽叟在下面放火，企圖燒死他。舜早就知道他們不懷好意，早在上倉廩之前就請教了娥皇、女英，她們沒有當面揭露公公、小叔的陰謀，只是教舜「鳥工

第二章　歷經考驗的舜

上廩」。這時，舜見火起，雙手伸開，袖口中各彈出一個斗笠，從高高的倉廩上像降落傘一樣落下，毫髮未損，躲過了一場殺身之禍。

　　正如前述，遠古的山東東夷族有著豐富的想像力，由舜的「鳥工」之法，我們不由得想起東夷族嫦娥奔月的故事，還有《墨子》中記載的春秋時期魯班削竹木以為鵲而發明風箏的故事，把這些連繫起來我們可以看出，東夷族很早就知道利用空氣浮力，如果不是後來儒家「重實際，輕幻想」、「重道德，輕技藝」的價值觀占了主導地位，山東說不定能成為宇宙飛船、飛機和降落傘的故鄉。

（二）「龍工」與濟南舜井

　　瞽叟和象一計不成，又生二計，讓舜去挖井。不用說，這是一個陷阱。娥皇、女英又教舜「龍工入井」。井快挖成時，瞽叟和象迅速將一籮筐一籮筐的泥土往井裡倒下去。於是，舜從預先開鑿的通往別井的道地中逃了出去。

　　象以為陰謀得逞，舜必死無疑，於是提議論功行賞，他認為自己的功勞最大，便對父母說：「這主意是我想出來的，琴和兩位嫂嫂歸我，牛羊和倉廩給你們。」說完，他就跑進了舜的屋子，見兩位嫂子不在，只有一架琴，就胡亂彈了起來。

　　正在這時候，舜走了進來。一時驚愕的象轉臉恬不知恥

地說：「我正在思念你呢！」經歷如此遭遇的舜沒有記恨，還友善地對弟弟說：「你我兄弟就應該情義深重。」

相傳，舜因此而在濟南舜井街掘出東、西兩處甘泉，就叫舜井，也叫舜泉。據乾隆《歷城縣志》卷九〈山水考四〉載：「舜井在縣東一百步，舜所穿之井也。」、「舜泉在舜祠東，一名舜井，雙井並列。」

其實，舜泉在古文獻中早有記載，泛稱其在歷山之下，故又稱「歷井」。

如北魏時期，地理學家酈道元（西元？至五二七年）在《水經注》卷八〈濟水二〉載：「城南對山，山上有舜祠。山下有大穴，謂之舜井……水上承東城歷祠下泉，泉源競發。其水北流，徑歷城東，又北，引水為流杯池，州僚賓燕，公私多萃其上。」酈道元雖沒講清舜井的具體方位，但他說的「東城歷祠下泉，泉源競發」，其中應該有東西舜井。若此說確定，舜井還是西晉永嘉（西元三〇七至三一三年）年間濟南郡治遷到歷城後官僚貴族「曲水流觴」風俗的水源。

魏晉南北朝時期，濟南流行「曲水流觴」的詩酒盛會。參與遊樂的人們依次列坐在環曲的水溪旁，把酒裝入觴杯中，置於托盤上，放在溪流上游的水面上，使之順流漂下。觴杯漂至曲折拐彎處，往往會停住不動。酒杯停在誰的近前，誰就要將酒飲下，飲後還要作詩吟唱，或按約表演節

第二章　歷經考驗的舜

目，完不成者便要受罰，這就叫「曲水流觴」或「流觴曲水」。遠在北魏時期，士大夫就已在今濟南市曲水亭街附近建立了曲水流杯池，「州僚賓宴，公私多萃其上」。流杯池中的水，就是舜井流出來的水。

乾隆《歷城縣志》卷九〈山水考四〉載：「歷水在縣東門外十步，按《三齊記》云：『歷水在歷祠下，泉源競發，與濼水同入鵲山湖。』」《三齊記》（即《齊地記》）的作者是東晉十六國南燕人晏謨（約西元三七五至約四三五年），他雖提到「歷水在歷祠下」，但這個歷祠是歷山上的歷祠，還是歷城東的歷祠，並沒有交代清楚。

唐玄宗時徐堅編纂的《初學記》卷八「歷井」條下引東晉末年郭緣生《續述征記》：「歷山有井無底，與城西南湧泉相通。」舜井無底之說固然不可信，但是泉眼較深，且與城西南的湧泉，亦即趵突泉水脈相通，倒是可能的。

唐代的文獻中明確記載舜井在齊州城東，即今濟南南門內的舜井街。封演《封氏聞見記》卷八記載：「齊州城東，有孤石平地聳出，俗謂之歷山；以北有泉號『舜井』。東隔小街，又有石井，汲之不絕，云『是舜東家之井』。」封演把齊州城東平地聳出的一塊石頭說成是歷山，當然不準確，但卻證明自唐代時即傳說齊州城東有舜井了。這座舜井東隔小街又有「舜東家之井」，相距不遠，呈東西布局。從「舜

東家之井」的說法來看，唐朝人認為，這裡就是當年舜一家
人生活的「家」。

　　唐、宋、金、元時期，舜泉噴湧不絕，不僅形成兩處池
潭，而且成為歷水和歷水陂（ㄆㄛ）（今大明湖的前身）、
鵲山湖的源泉。據北宋齊州知州曾鞏〈齊州到任謁舜廟文〉
「常垂陰施，惠此困窮，庶使遺民，永有依賴」的詩文可
見，這兩處舜井泉水常流、惠益民生、滋潤萬物，還助力舜
成為當時保佑濟南一方平安的尊神，受到濟南百姓的祭祀和
敬畏。其中有一口舜井現在仍然保留在濟南舜井街旁，並流
傳著各種美妙的傳說。

舜井

第二章　歷經考驗的舜

　　唐肅宗乾元年間（西元七五八至七六○年）魏炎的三首
舜井題詩，把兩處相通的舜井、舜井周圍的生態以及舜一
家人的生活，描繪得十分形象，與上述張守節的正義非常
吻合。

　　第一首曰：

　　齊州城東舜子郡，邑人雖移井不改。
　　時聞洶洶動綠波，猶謂重華井中在。

　　意思是說，齊州城東有城，因大舜當年曾居住在此，因
此被稱作「舜子郡」，亦即舜城，這也是我們稱濟南為舜城
的依據。由於魏炎作此詩時，正值安史之亂，人們為躲避戰
亂而紛紛逃離，所以他說「邑人雖移井不改」。後兩句詩意
明確：舜井經常水湧，湧時洶洶有聲，綠波翻滾，民間將水
湧解釋成舜仍在井中。

濟南舜井旁邊鐫刻魏炎的〈舜井題詩〉

第二首曰：

西家今為定戒寺，東家今為練戒寺。
一邊井中投一瓶，兩井相搖響泙濞。

當時，兩座舜井被分別圈在定戒寺、練戒寺之內，而兩井在地下卻是相通的。這是因為舜在井下為躲避瞽叟和象的陷害，穿孔從旁井出。所以「一邊井中投一瓶」，另一口井也有回應聲。「兩井相搖響泙濞（ㄆㄥ ㄆㄧ ˋ）」，即兩井互相呼應，響起水聲。「泙濞」即水聲。

魏炎是中唐文人，從他的詩中，我們可以知道那時民間已經流傳著許多與舜有關的故事，這些故事不會出於一人一時的杜撰。比如「東家之井」的說法，顯然是有根據的。唐末五代敦煌變文〈舜子變〉說，舜子淘井，瞽叟正要落井下石，「帝釋變作一黃龍，引舜通穴往東家井出」。這個故事至遲在北魏時期已經成熟並流傳開來，因為北魏墓室壁畫中就有「舜從東家井中出去時」或「舜德急從東家井裡出去」的榜題，受佛教文化的影響，演變為濟危解困的護法神帝釋在舜最危急的時候出現化身救了舜。

第三首曰：

濟南郡裡多沮洳，娥皇女英汲引處。
竊向池中潛卹來，澆茅畦上平流去。

意思是說，齊州城東的「舜子郡」曾是濟南郡治所在，地多泥沼，娥皇、女英當初汲水於此。由此可知，唐代人認為，舜和瞽叟、象和母親以及娥皇、女英就生活在舜子郡，也就是現在濟南南門內的舜井街。後兩句詩是說，東、西舜井一帶地勢低窪，水積成池潭，池中的水沿著地下渠流出後，順著遍布水草的河溪流去。可見，東、西舜井流出的水，先是形成池潭，水再從池潭中湧出，形成一條溪流，這條溪流就是歷水。

唐朝的濟南呈東、西雙子城的格局，兩城以古歷水為界。歷水從舜井及周圍的鑒泉、杜康泉等流出，經今舜井街到今珍珠泉、曲水亭街、百花洲，再向西北流入溝瀆相通的歷水陂（今大明湖的前身）、鵲山湖。

（三）舜歌〈南風〉 —— 濟南千佛山南風亭的由來

前面講到，象跑到舜的屋裡胡亂彈琴。其實，像這樣的頑劣之人根本不懂舜彈琴的用意，更不懂舜彈琴以歌〈南風〉的真諦。

《禮記・樂記》載：「昔者舜作五弦之琴，以歌〈南風〉。」鄭玄注釋說：「南風，長養之風也，言父母之長養己也。其辭未聞也。」由此可知，〈南風〉是舜創作的頌讚父母長養之恩的歌。〈南風〉又稱「南薰」，王維《大同殿柱產玉芝龍池上有慶雲神光照殿百官共覩聖恩便賜宴樂敢書

即事》：「陌上堯樽傾北，樓前舜樂動南薰。」舜祠被列為歷城「十六景」之一，名曰「松韻南薰」。據《孔子家語‧辯樂》記載，〈南風〉的歌詞是：

南風之熏兮，可以解吾民之慍兮。
南風之時兮，可以阜吾民之財兮。

大意是：多麼溫和的南風啊，可以解除我們百姓心中的夏愁。多麼及時的南風啊，可以增加我們百姓的財富。

濟南千佛山南坡的南風亭就是以此為背景修建的。南風亭為六角攢尖式仿古建築，匾額由書法家吳澤浩先生題寫，亭內有〈南風歌〉石刻浮雕，周圍襯大舜帶領民眾歡快耕種的淺浮雕石刻岩畫，在以「南風」來感恩父母的同時，還用來稱頌舜對百姓的體恤之情和煦育之功。

濟南千佛山南坡的南風亭

（四）不孝有三，無後為大 —— 婚事引起的風波

　　前面講過，舜的父母不喜歡舜，還百般加害於他。按說，處理不好與父母、弟弟的關係，責任不在舜，但是舜不這樣想，他不僅感到愧疚，還一直處在得不到父母喜歡的憂

愁和苦惱當中。堯把兩個女兒嫁給他，舜「不足以解憂」；天下之士一齊擁戴他，舜「不足以解憂」；甚至是後來堯把帝位讓給他，舜還是「如窮人無所歸」，而「不足以解憂」。得不到父母的喜歡，成了舜的心結，天大的喜事、好事也沖淡不了這種憂愁和苦惱。《孟子‧萬章上》講：「大孝終身慕父母。五十而慕者，予於大舜見之矣。」意思是，大孝是終身依戀父母的，到了五十歲還依戀父母的，我在偉大的舜身上見到了。像舜這樣，真可以稱得上是具有高水準、高難度、高境界的孝行了。

其實，按照後來儒家的孝道衡量，舜不算是完美無缺的大孝子，在婚姻問題上他違背了孟子所提倡的婚姻必告父母的「父母之命」。

前面講過，堯為了考驗舜，把娥皇、女英嫁給了舜，當時說是「以觀其內」，實際上就是讓二女到舜身邊做「臥底」。當然，這個臥底不是窺探舜的隱私，而是觀察舜的德行。堯在沒有舜的父母參加的情況下，在媯河為他們舉行了隆重的婚禮。舜把老婆帶回家後，父母、弟弟大吃一驚。面對堯的女兒，舜的父母當然是敢怒而不敢言。

婚後，舜告誡娥皇、女英，要與全家和睦相處。兩位妻子也「恭勤婦道」，對舜一家老小一直侍候得很周到。對公公、小叔的種種陰謀，她們看破不說破。因為如果她倆說破

第二章　歷經考驗的舜

公公和小叔子的陰謀，便有破壞家庭和諧的嫌疑。再者，她
們的一舉一動，都事關「母儀天下」的示範，因此二女處處
小心謹慎，事事把握分寸。她們用自己的智慧和寬容，不但
成全了舜的名聲，而且巧妙地化解了家庭危機。二位嫂嫂的
寬宏大度和深明事理，深深地觸動了妹妹歝手，姑嫂之間越
來越親密。

　　西漢劉向在《列女傳》裡將娥皇、女英列入「母儀傳」
第一，稱她倆「德純而行篤」，甚至引《詩經》裡「不顯唯
德，百辟（ㄅㄧˋ）其刑之」來大加讚賞。「不顯唯德，百
辟其刑之」的意思是：弘揚那高尚的品德吧，諸侯們都來效
法！可見劉向對娥皇、女英的評價之高。

趵突泉娥英祠中的娥皇、女英雕像

可是，近兩千年後，孟子在確立儒家孝的道德規範時，舜的婚事卻引起了風波，這件事還得從遠古婚姻的演變說起。

在原始社會時期，男女自由談婚論嫁，沒有父母之命，也沒有媒妁之言，《列子‧湯問》稱之為「男女雜游，不媒不聘」。從西周開始，推行父母之命、媒妁之言等古代婚姻新風尚。然而，自由談婚論嫁的氏族遺風到春秋時期仍然大量存在。

據《左傳》記載，春秋時期，魯莊公見黨氏之女孟任貌美，承諾立她為夫人，二人割臂盟誓，遂成夫妻。魯國泉丘有一女子，夢到用她的帷幕覆蓋了孟氏的祖廟，就約著同伴一起投奔孟僖子，三人在清丘的土地神廟裡盟誓說：「有子，無相棄也！」

從這兩件事來看，「盟誓」是男女自由擇偶的一種形式。〈上邪〉詞云：「上邪，我欲與君相知，長命無絕衰。山無陵，江水為竭，冬雷震震，夏雨雪，天地合，乃敢與君絕！」反映的正是遠古這種自由擇偶風俗。

隨著婚姻方面的移風易俗，父母之命、媒妁之言逐漸占主導地位，無父母之命的嫁娶開始受到社會輿論的指責。《詩經‧齊風‧南山》講：

第二章　歷經考驗的舜

> 取妻如之何？必告父母。
>
> ……
>
> 取妻如之何？匪媒不得。

春秋時期的孔子、戰國時期的孟子等儒學思想家也開始順應社會風俗進步的新潮流而強調這種禮俗。孟子強調婚姻必須聽命於父母的孝道，在《孟子·滕文公下》中大聲疾呼：「不待父母之命、媒妁之言，鑽穴隙相窺，逾牆相從，則父母國人皆賤之。」

由此定性，問題就來了，既然婚姻必須聽父母之命，那麼舜「不告而娶」，還算是孝子聖君嗎？

「孟子道性善，言必稱堯舜。」舜是孟子心目中的人格偶像，他堅絕不能讓舜背上不孝的名聲。孟子為舜辯護說：「不孝有三[03]，無後為大。舜不告而娶，為無後也，君子以為猶告也。」意思是說，舜沒有稟告父母就娶妻，為的就是繁衍後代。所以君子認為他雖然沒有稟告，但實際上和稟告了一樣。

孟子提出這樣的觀點是符合當時社會發展的需求的。如果我們站在歷史的角度去分析，舜所處的時代是父系氏族公社時期，那時根本就沒有父母之命、媒妁之言這一說，怎麼能讓父系氏族公社時代的舜向後穿越一千年，遵守西周以後的禮教和孝道呢？

03　東漢趙歧解釋孟子的「不孝有三」說：「阿意曲從，陷親不義，一也；家貧親老，不為祿仕，二也；不娶無子，絕先祖祀，三也。三者之中，無後為大。」

（五）舜的〈思親操〉── 濟南千佛山思親亭的由來

中國先民為了強調孝道的深遠意義，總是把孝道追溯到很遙遠的遠古時代。從孟子「言必稱堯舜」開始，到元朝人郭居敬編的「二十四孝」，都尊奉舜為中國第一個大孝子。

據說，〈思親操〉是舜專門創作的與孝有關的樂曲。東漢蔡邕（ㄩㄥ）《琴操》曰：「舜耕於歷山，思慕父母。見鳩與母俱飛鳴相哺食，益以感恩，乃作歌。」南朝陳釋智匠撰《古今樂錄》曰：「舜遊歷山，見鳥飛，思親而作此歌。」南朝宋文學家謝莊《琴論》曰：「舜作〈思親操〉，孝之至也。」

舜雖然歷經父母的責難，但是他時刻不忘父母的養育之恩。有一天，他看見一隻母斑鳩帶著一隻小斑鳩在飛，那隻母斑鳩不時捕捉飛蟲來餵小斑鳩。舜被這一幕感動了。他是多麼渴望得到父母的愛啊，於是情不自禁地唱起〈思親操〉來：

陟（ㄓˋ）彼歷山兮崔嵬（ㄨㄟˊ），
有鳥翔兮高飛。
瞻彼鳩兮徘徊，
河水洋洋兮清泠。
深谷鳥鳴兮嚶嚶，
設罥（ㄐㄩㄢˋ）張置（ㄐㄩ）兮思我父母力耕。
日與月兮往如馳，
父母遠兮吾將安歸。

第二章　歷經考驗的舜

　　這首樂曲的大意是：登上那高高的歷山，看到鳥兒在空中飛翔。目視著飛鳥啊，不禁來回徘徊。清爽寒冽的河水啊奔騰向前。嚶嚶的鳥鳴聲迴盪深谷山澗，布設捕獵鳥獸的網，想起我的父母正在辛勤耕田。日月飛馳，烏飛兔走，父母遙遠啊，有家難還！

　　中國的孝文化往往給動植物披上生命的靈光，賦以人的精神和道德秉性，透過其精神價值的強化來襯托、顯示人的精神和倫理道德的高尚。這種文化現象，就是從傳說中的舜開始的，或者說是後人附會到舜身上的。在〈思親操〉中，斑鳩成為母慈子孝的替代物、參照物，透過對斑鳩母子的謳歌，襯託了人間孝道的高尚。它與後來宣傳的烏鴉反哺、羔羊跪乳等結合在一起，形成了一種道德判斷：人不孝敬父母，禽獸不如。

　　據《後漢書・禮儀志》載，漢代百姓到了七十歲，會被授予玉杖。這種玉杖也叫鳩杖，長九尺，頂端裝飾有一隻鳩鳥。鳩鳥為不噎之鳥，有祝老人不噎之意。後來，斑鳩構巢一直被認為是孝的祥瑞。南朝梁時，孝子司馬皓在山林中的父母墓旁居住多年，豺狼絕跡，有兩隻斑鳩和他住在一起，人鳥親密無間。由此來看，〈思親操〉應該是後來「烏鴉反哺」等典故的濫觴。

　　《禮記・禮運》記載了遠古「孝」的起源和演變：「大

道之行也，天下為公，選賢與能，講信修睦。故人不獨親其親，不獨子其子……今大道既隱，天下為家，各親其親，各子其子。」在「天下為公」的氏族公社時期，老人、小孩歸公社統一贍養、撫養，所以「人不獨親其親，不獨子其子」；進入「天下為家」的階級社會後，老人、小孩歸自己負責，所以「各親其親，各子其子」。這是由氏族公社的群體孝文化意識向階級社會家庭的個體孝文化意識演變的過程。

根據典籍記載的東夷族傳說，遠古東夷族的孝親意識非常濃厚，舜就是其中最傑出的典範。與舜同時代的東夷族還有兩位孝子，叫做少連、大連，是一母同胞。在《禮記·雜記》中，孔子說：「少連、大連善居喪，三日不怠，三月不解，期悲哀，三年憂，東夷之子也。」意思是說，少連、大連為父母守喪，三天不吃不喝，三月之內朝夕祭奠，從不懈怠。父母去世一週年內悲哀不能自已，在為父母服喪的三年期間，一直處於憂愁之中。少連、大連被公認為東夷族的孝子。正因如此，少連受到孔子的高度稱讚，在《論語·微子》中把他與柳下惠相提並論。如果以上故事成立，那麼從東夷族的少連、大連、舜開始，就有孝的道德傳統了，他們是中國歷史上的第一批孝子。他們所處的父系氏族公社時期正是由「天下為公」向「天下為家」、氏族公社的群體孝文

第二章　歷經考驗的舜

化意識向階級社會家庭的個體孝文化意識過渡的時期。所以，中國遠古的孝，作為子女對父母思念、感恩、贍養的一種自然親情，一種父惡不恨、母辱不怨、弟害不咎的高尚品德，發端於東夷族的舜。對此，司馬遷在《史記·五帝本紀》中也斷言：「天下明德皆自虞帝始。」如果從孝的角度上看，舜作為中華民族的道德始祖，是當之無愧的。

南宋理學家陳普在〈程朱之學四首〉中寫道：

> 舜君與堯民，萬世作程式。
> 顏仁及曾孝，亦足立人極。

詩中的「程式」即楷模、標準、典型的意思。「人極」是達到人類最高境界的意思。詩中說，舜和他德化下的民眾，是千秋萬代的道德楷模；具備仁的品格的顏淵，以及具備孝的品格的曾參，也可以作為最高境界的「仁」、「孝」的道德榜樣。

《歷城縣志》卷首〈聖制〉載有乾隆皇帝於乾隆十三年（西元一七四八年）三月寫的〈謁舜廟作〉，他對舜的孝行予以高度評價：

> 孝稱千古獨，德並有唐雙。
> 歷下儀刑近，城中廟貌龐。
> 春風餘故井，雲氣護虛窗。
> 緬繼百王后，欽瞻心早降。

　　濟南千佛山南坡、南風亭西北有一座思親亭，就是以〈思親操〉為背景修建的。該亭為上下兩層結構，下層有〈思親操〉大型浮雕，圖文並茂，展現了舜耕於歷山高歌〈思親操〉時看到斑鳩高飛、母子情深的景象。上層為觀景平臺，可供遊客憑欄眺望遐思。「思親亭」三字匾額集自清代著名書法家、學者何紹基的字。上層有楹聯：「熱中號泣於旻天，孝思維則；誠意明命乎百姓，惇德允元。」由山東大學教授吉發涵撰文、書法家荊向海書寫。思親亭吊頂與地面鋪裝採用了象徵東夷文化的鳥圖騰鳳紋圖案，與亭身楹聯、匾額渾然一體，格調鮮明地襯託了遠古東夷族的孝文化。

濟南千佛山南坡的思親亭

第二章　歷經考驗的舜

第三章
攝政時期的舜

第三章 攝政時期的舜

舜在三十歲時被堯和四岳選拔舉用，日月如梭，二十年的光陰轉瞬即逝。

▌白丁作天子

在接受考驗期間，除奉堯的命令在各地從事生產、教化民眾外，舜還接受了堯交辦的種種政務，最終都圓滿完成了任務，令堯十分滿意。《尚書‧舜典》載：「慎徽五典，五典克從。納於百揆，百揆時敘。賓於四門，四門穆穆。納於大麓，烈風雷雨弗迷。」意思是說，堯讓舜誠心誠意地推行德教，民眾都恪守父義、母慈、兄友、弟恭、子孝之道；讓他總理百官，百官都能承順，所有政務都有條不紊地進行；讓他在明堂的四門接待四方前來朝見的諸侯，諸侯們都能和睦相處。最後把他放到深山，讓舜經受狂風雷雨的考驗，舜在任何惡劣天氣下也不迷失方向。

經過了二十年的考驗，堯認為舜的道德、智慧足以託付天下了，高興地說：「來吧，舜啊！你謀事周到，提的意見也都十分正確。經過多年的考驗，你的確取得了出色的成績，你現在可以登上天子的大位了。」舜覺得自

舜題跋像（明天然《歷代古人像贊》）

己的德行尚差和資歷尚淺，推讓不願意就位。

正月初一這天，他們舉行了隆重的禪位典禮，堯自己避位，讓舜接受了天子的大命，代行天子之事。按照當時的慣例，舜恭敬地舉行了祭天大典，把繼位之事報告給天帝，然後精心誠意地祭祀日、月和金、木、水、火、土五星（當時被稱為「七政」），祭祀了天、地和春、夏、秋、冬四時（當時被稱為「六宗」），祭祀了山川和群神。《尚書·舜典》將這描述為「禋於六宗，望於山川，遍於群神」。

按照柳下惠在《國語·魯語上》中敘述的祭祀典章來看，古代的祭祀對象主要有祖先、先哲、品德高尚之人、山川、社稷、五行、日月星辰等，都與遠古人類生活息息相關，其宗旨在於興利除害、造福人類。祭祀社神、稷神、山川之神，是因為他們對民眾有功德；祭祀日、月、星辰，是因為這三辰是供民眾瞻仰的；祭祀金、木、水、火、土以促進生殖繁衍；祭祀名山川澤，是因為它們是產出財貨用度的地方。不在這些類別中的，就不能入祀典。

可見在生產力低下的情況下，古代祭祀不光是巫術迷信，還是對險惡生存環境的抗爭和征服，對遠古人類生活的開拓，對造福人類的偉大人物的肯定和崇敬，對養育人類的日月星辰、社稷山川的感謝和希冀。

舜從一介平民直接當上天子，可以稱得上是「一步登

第三章　攝政時期的舜

天」。唐代詩人皮日休在〈奉和魯望讀陰符經見寄〉中稱讚
舜說：

> 舜唯一鰥民，冗冗作什器。
> 得之賊[04]帝堯，白丁作天子。

　　就這樣，在舜五十歲時，堯帝把天下大事託付給他。
自此，舜總攝大權，統領百官，成就了一番**轟轟**烈烈的大
事業。

▎八愷八元才，燁燁賢良輔 —— 知人善任的舜

　　舜攝政後，以天下為公，兢兢業業，上承帝堯文德，下
謀四岳庶民。當時堯已垂暮，又逢多事之秋，政局動盪，邊
患四起，內外交困，急需安定民生、撥亂反正，也急需能擔
重任的各種人才。而堯統治時期，民間隱匿著許多傑出人才
沒有得到任用。據《左傳・文公十八年》記載，顓頊高陽氏
有八位才子，分別是蒼舒、隤敳（ㄊㄨㄟˊ ㄞˊ）、檮戭
（ㄊㄠˊ 一ㄢˇ）、大臨、尨（ㄇㄤˊ）降、庭堅、仲容、
叔達，他們豁達聖明，明察而誠信，百姓稱讚他們為「八

---

04 道教將命、物、時、功、神稱為「五賊」。《陰符經》上：「天有五賊，見之
　　者昌。」張果注：「反經合道之謀，其名有五，聖人禪之，乃謂之賊；天下賴之，
　　則謂之德。故賊天之命，人知其天而不知其賊，黃帝所以代炎帝也。賊天之物，
　　人知其天而不知其賊，帝堯所以代帝摯也。賊天之時，人知其天而不知其賊，
　　帝舜所以代帝堯也。賊天之功，人知其天而不知其賊，大禹所以代帝舜也。賊
　　天之神，人知其天而不知其賊，殷湯所以革夏命也，周武所以革殷命也。」

愷」。「愷」即和惠之意，意思是八個和善的人。帝嚳高辛氏也有八位德藝雙馨的才子，分別是伯奮、仲堪、叔獻、季仲、伯虎、仲熊、叔豹、季貍，他們忠誠正直、慈惠和善，天下之民稱讚他們為「八元」。元，善也，意思是八個善良的人。這十六個人的家族後裔世代保持著先人的美德，沒有敗壞先人的名聲，到堯的時候，仍然沒能舉用。

顓頊高陽氏是黃帝之孫，帝嚳高辛氏是黃帝的曾孫，二人都是上古部落聯盟首領，「八愷」和「八元」可以說是世代賢達，知人善任的舜對他們當然早有耳聞，攝政後馬上把他們從民間選拔出來，進一步考察後，人盡其才，才盡其用。他讓「八愷」擔任了掌管土地的地官，讓「八元」擔任了「布五教於四方」的官。「八愷」為了讓民眾用好土地、種好莊稼，認真頒行曆法，使曆法與自然的節律和諧無差，民眾依歷而行，生產、生活都合乎季節時令，風調雨順，人民安寧。《左傳·文公十八年》稱作「莫不時序，地平天成」。「八元」負責的「五教」包括父義、母慈、兄友、弟恭、子孝等，他們認真向四方宣講五教的道理，使民眾中興起了向孝的風氣，父母、兄弟、子女等上下有序，家庭和睦，鄰里互幫互助。《左傳·文公十八年》稱作「內平外成」。總之，凡是交給「八愷」、「八元」的政務，他們都處理得井井有條。

第三章　攝政時期的舜

從舜一次任用十六人，而且都予以重要的政務來看，選舉、任用「八愷」、「八元」，應該是舜攝政後有意識地進行的一次大規模的人才選拔，它徹底改變了堯晚年因人才滯留而造成的人才缺乏的局面，也昭示了舜與賢人君子共治天下的決心和勇氣，喚醒了民間賢士勇於承擔天下之任的自覺意識和責任感。畢竟，在「天下為公」的時代，當官只有辛苦、義務和責任，沒有特權和好處，民間像許由、巢父那樣有才能而逃避當官的「高士」大有人在。這個問題，本書後面還要詳細敘述。

▎放逐「四凶」，威服天下

堯晚年的時候，之所以內外交困，還有一個重要原因，就是在他手下寄生著一批以「四凶」為代表的居功自傲、玩忽職守、欺上瞞下的人。「四凶」即共工、驩（ㄏㄨㄢ）兜、三苗和鯀。由於當時內部洪水氾濫，外部三苗叛亂，即使想要清除這些內部的蛀蟲，徹底整頓吏治，進入晚年的堯也已經力不從心。

（一）共工的興亡

傳說共工人面蛇身，赤髮，身乘二龍，是東夷族的一個部落首領，以水為圖騰，是古代的水神。

　　共工又名窮奇，《左傳·文公十八年》載：「少皞（昊）氏有不才子，毀信廢忠，崇飾惡言，靖譖庸回，服讒搜慝（ㄊㄜˋ），以誣盛德，天下之民謂之窮奇。」《史記·五帝本紀》的記載略同。意思是，少昊氏有不才子，詆毀忠信，誇飾惡言，口是心非，善於進讒言包庇惡人，中傷道德高尚的人，天下民眾稱他為窮奇。《史記·五帝本紀》張守節正義引《神異經》載，西北有一隻有翅膀、能飛行、懂人語的老虎，是非顛倒，逢人打架就把有理者吃掉，聽說誰忠信就咬掉人家的鼻子，聽說誰惡逆不善反倒向他饋贈自己咬死的野獸。後面加了按語說：「言共工性似，故號之也。」古代的賢人君子都是「善善惡惡」，共工卻「崇惡貶善」，因為共工和善惡顛倒的窮奇很相似，所以才稱他為窮奇。

　　共工怒觸不周山是著名的上古神話傳說，與女媧補天、后羿射日、嫦娥奔月並稱中國古代著名的四大神話。

　　《淮南子·天文訓》載：「昔者共工與顓頊爭為帝，怒而觸不周之山，天柱折，地維絕，天傾西北，故日月星辰移焉；地不滿東南，故水潦塵埃歸焉。」意思是：從前共工與顓頊爭奪帝位，共工失敗後發怒，用頭去撞不周山[05]，支撐天的柱子折了，繫掛地的繩子斷了。天向西北方向傾斜，所

05　不周山是神話傳說的山名，最早見於《山海經·大荒西經》：「西北海之外，大荒之隅，有山而不合，名曰不周。」王逸注《離騷》，高誘注《淮南子·原道訓》，均認為不周山在崑崙山西北。

以日月星辰都朝西北方移動；地的東南角塌陷了，所以江河流水都朝東南方向流去。

《史記》司馬貞補〈三皇本紀〉略有不同：「當其（指女媧）末年也，諸侯有共工氏，任智刑以強，霸而不王，以水乘木，乃與祝融戰，不勝而怒，乃頭觸不周山崩，天柱折，地維缺。」意思是，女媧末年，共工憑藉自己的智慧和武力變得十分強大，但他稱霸天下卻沒被諸侯擁戴為王。共工乘船和祝融在水上開戰，失敗後發怒，用頭去撞不周山，支撐天的柱子折了，繫掛地的繩子斷了。

與共工「爭為帝」的人，諸書所記不一，除上述顓頊、祝融外，還有帝嚳高辛、神農、女媧等說法。在堯舜之前，共工曾經有過一段稱霸天下的輝煌歷史，卻始終沒得到天下諸侯的擁戴，最後連續發動了與各諸侯的戰爭，結果是「天柱折，地維絕」。

共工氏作為一個歷史悠久的部落，前期在治理水土、發展原始農業方面做出了很大貢獻，他們很早就掌握了治理水土的方法，共工和兒子后土都是治理水土的能手。《國語·魯語上》載：「共工氏之伯九有也，其子曰后土，能平九土，故祀以為社。」、「社」是古代社稷之神中的社神，即土神。「稷」是穀神。「社稷」是主管土地、糧食兩項重大經濟命脈的尊神，古代帝王對社稷的祭祀十分重視，祭祀典禮非常隆重。「社稷無常奉，君臣無常位」，一旦無權祭祀

社稷了，就意味著自己的江山被取代了。秦漢以後，朝廷的
祭祀大典仍然祭祀社稷，民間的社神后土則遵照天陽地陰的
觀念，由男身變女身，被稱為「后土娘娘」了。

共工氏治理水土的特點是「壅防百川，墮高堙（一ㄣ）
庫（ㄆㄧˋ）」，即修築堤壩，攔截堵塞。這種方法在水勢
微弱、天氣乾旱的情況下，對於蓄水灌溉來說非常有效。所
以，在中國水利史上，築堤蓄水，灌溉農業，是共工氏在治
理水土、防旱抗旱方面的創造發明。然而，這種方法只能用
於抗旱，不能用於防洪，尤其對治埋米勢洶湧的大洪水就更
適得其反了。

經過殘酷的帝位爭奪戰後，共工氏部落元氣大傷，只好
選擇歸附，做了諸侯。遠古氏族部落首領的名字和氏族往往
通稱，如堯時射日的羿和後來取代夏朝太康天下的后羿都稱
羿，其實是指羿所在的那個氏族或部落。共工也是如此，到
堯舜時人們還是這樣稱呼他的名字。當時，共工仍然是堯的
臣子。按《國語·周語下》、《尚書·堯典》、《史記·五帝
本紀》所載，堯舜時共工的罪狀有二：

第一，用「壅防百川，墮高堙庫」即攔截堵塞的方法
治水，結果水沒治好，反倒成為禍害其他部落的罪魁。所
以《淮南子·本經訓》說：「舜之時，共工振滔洪水，以薄
空桑……民皆上丘陵，赴樹木。」其實，不是共工發動的洪
水，而是因為他治水的方法不當，導致了更大的水患。

第三章　攝政時期的舜

　　《國語・周語下》指責的共工氏，還為後世保持水土、維護生態平衡提供了深刻的歷史教訓。

　　周靈王二十二年（西元前五五〇年），京師洛邑附近的谷水氾濫，與洛水匯合爭流，水位暴漲，將要淹毀王宮。周靈王打算堵截谷水水流，太子晉勸諫說：「不可以。我聽說古代執政者，不毀壞山丘，不填平沼澤，不堵塞江河，不決開湖泊。山丘是土壤自然聚合而成的，沼澤是生物的生長地，江河是地氣的宣導，湖泊是水流的彙集。天地演化，高處成為山丘，低處形成沼澤，開通出江河、谷地來宣導地氣，蓄聚為湖泊、窪地來滋潤生長。所以，土壤聚合不離散而生物有所歸宿，地氣不沉滯鬱積而水流也不散亂。因此百姓生有財用，死有所葬，既無夭折、疾病之憂，也無飢寒、匱乏之慮。所以君民能互相團結，以備不測。古代聖君對此非常慎重。共工背棄此道，堵塞百川，墜毀山陵，填塞池澤，為害天下。皇天不賜福給他，百姓不幫助他，禍亂一起發作，共工因此而滅亡。」

　　太子晉認為，共工的敗亡，是由於不尊重自然，破壞自然生態環境而導致的。歷代的帝王都十分敬重歷經千百年所形成的自然環境，所以「不墮山，不崇藪（沼澤），不防川，不寶（開決）澤」。山、藪、川、澤都是天地自然演化而來的，是自然界和人類存在的基礎，破壞了它們，也就破

壞了天地自然演化的規律。所以太子晉認為，並非上天不賜福給共工，而是他破壞了自然規律，受到了自然規律的懲罰。

第二，以為堯年老可欺，放縱淫僻，胡作非為。

《史記‧五帝本紀》除了提到共工「毀信惡忠」外，還有堯晚年時徵詢自己的繼承人的記載。當時共工的同黨讙兜提議說：「共工廣泛地聚集民眾，做出了成績，可以繼承大位。」堯馬上拒絕說：「共工善於花言巧語，心術不正，貌似恭敬，欺騙上天，不能用。」即使如此，堯還是讓共工擔任管理工匠的工師，共工果然心懷不滿，放縱淫僻，胡作非為。

舜攝政後，請示了堯，果斷地將他流放到幽州。《史記‧五帝本紀》張守節正義引《神異經》云：「西北荒有人焉，人面、朱髮、蛇身，人手足，而食五穀禽獸，頑愚，名曰共工。」據說，這描述的是共工被流放後的形象和德行。

（二）渾渾沌沌的讙兜

讙兜又名渾沌、渾敦，是堯舜的臣子，黃帝的後裔。《山海經》說讙兜是顓頊之子，又說是鯀的後代。袁珂《山海經校注‧海內南經》引近人研究成果，認為讙兜即堯的不肖之子丹朱：「讙頭、讙兜及讙朱，皆丹朱一名之異稱。」

第三章　攝政時期的舜

　　《左傳‧文公十八年》載：「昔帝鴻氏有不才子，掩義隱賊，好行凶德，醜類惡物，頑嚚不友，是與比周，天下之民謂之渾敦。」《史記‧五帝本紀》寫作「渾沌」，記載略同。西晉杜預注釋《左傳》，裴駰集解引東漢賈逵語都認為，帝鴻即黃帝，渾沌（敦）即驩兜。《左傳‧文公十八年》所載文獻的大意是：從前帝鴻氏有個不才子，陰險狠毒而不義，愚蠢狂妄而奸詐，心不念德義，口不言忠信，專幹壞事和凶殘之事，是典型的「醜類惡物」。人們把他比作最凶殘的野獸，稱作「渾沌」。

　　民眾既然痛恨驩兜，把他比作惡獸渾沌，那麼這個惡獸具有什麼形象呢？《史記‧五帝本紀》張守節正義引《神異經》是這樣描述的：「崑崙西有獸焉，其狀如犬，長毛，四足，似羆而無爪，有目而不見，行不開，有兩耳而不聞，有人知性，有腹無五臟，有腸直而不旋，食徑過。人有德行而往牴觸之，有凶德則往依憑之，名渾沌。」這個發育不全、愚蠢無知的怪獸有四足而無爪，有目而不見，有耳而不聞，有腹而沒心沒肺，有腸而不拐彎，但有一條，是非顛倒得很徹底，頂撞好人，勾結壞人，一點也不含糊。

　　《莊子》還記載了一個冤大頭似的、傻乎乎的渾沌。南海之帝叫做儵，北海之帝叫做忽，中央之帝是渾沌。儵、忽來到渾沌之地，渾沌招待得非常熱情周到，儵、忽商量如

何報答渾沌，說：「人都有口、眼、耳、鼻等七竅，也好用來視聽、吃飯和喘氣，唯獨渾沌沒有，我們給他鑿上七竅吧！」於是，倏和忽每天為渾沌開鑿一竅，七天後，渾沌就死了。

故事諷刺了渾沌生理和思想的不健全。像這樣一個沒心沒肺、沒頭沒腦、沒有視聽的「半吊子」，再加上惡毒透頂的本性，只能渾渾沌沌地做盡壞事了。

驩兜除了本身罪惡滔天外，還和共工結成死黨，沆瀣一氣，為非作歹。在堯徵求繼承人的人選時，驩兜故意起鬨，極力為共工臉上貼金，說共工集人心，做出了成績，可以繼承大位，極大地干擾了堯的用人部署，使堯不得已而任命心術不正、欺上瞞下的共工為工帥，造成了很壞的影響。

舜巡狩四方歸來，把驩兜的罪行向堯一一做了匯報，得到堯的批准後，果斷地把他流放到崇山。崇山的具體位置已難以確考，一說在今湖北省，東漢經學家馬融認為是南方邊境之地。《史記·五帝本紀》張守節正義引《神異經》載：「南方荒中有人焉，人面鳥喙而有翼，兩手足扶翼而行，食海中魚，為人很惡，不畏風雨禽獸，犯死乃休，名曰驩兜也。」據說這描述的就是流放到崇山的驩兜，他行凶作惡的本性變本加厲，達到近乎不死不休的瘋狂程度了。

（三）貪食貪財的三苗

　　三苗，又叫苗民、有苗，炎帝縉雲氏之後，姜姓，又名饕餮（ㄊㄠ ㄊㄧㄝˋ），居住在江淮、荊州一帶。

　　《左傳・文公十八年》云：「縉雲氏有不才子，貪於飲食，冒於貨賄，侵欲崇侈，不可盈厭；聚斂積實，不知紀極；不分孤寡，不恤窮匱。天下之民以比三凶，謂之饕餮。」大意是，炎帝有不才子，是個貪得無厭的吃貨，只認得錢財，放縱奢侈，欲壑難填，家中穀粟財物堆積如山，還在繼續聚斂，不知到何時為止，對孤寡窮困者也一毛不拔。天下民眾把他與共工、驩兜、鯀所代表的「三凶」並提，稱他為「饕餮」。西晉杜預解釋饕餮說：「貪財為饕，貪食為餮。」

商代象形饕餮鼎

《山海經‧北山經》記載的饕餮叫狍鴞（ㄆㄠˊ ㄒㄧ
ㄠ），羊身人面，眼睛在腋下，虎齒人爪，聲如嬰兒，善吃人。

《史記‧五帝本紀》張守節正義引《神異經》載：「西南
有人焉，身多毛，頭上戴豕，性很惡，好息，積財而不用，
善奪人穀物，強者奪老弱者，畏群而擊單，名饕餮。」這個
饕餮的特點是：貪財、貪食，恃強凌弱。由於饕餮是傳說中
特別貪食的惡獸，後來人們便將貪於飲食、貪婪財物的人稱
為「饕餮之徒」。

饕餮多見於青銅器上，是一種常見的紋飾，這種紋飾不
僅出現於三苗活動的長江下游地區的良渚文化玉器上，更
常見於二里頭夏文化以來的夏、商、周三代的青銅器上，
如商代象形饕餮鼎、夔龍饕餮鼎等。《呂氏春秋‧先識覽》
載：「周鼎著饕餮，有首無身，食人未咽，害及其身，以
言報更也。」饕餮的最大特點就是貪吃，傳聞他能夠吃盡天
下萬物，由於吃人嚥不下去，反而害了他自己，導致他自己
有頭無身，只剩下一個大大的腦袋和一張大大的嘴巴，這是
他得到的報應，實際上是被撐死了。也有說法稱，因為他太
能吃，把自己的身體也吃掉了。所以，青銅器上饕餮紋的圖
案只有頭和一張大嘴，是吃貨和貪慾的象徵。唐代詩人杜甫
〈麂〉詩云：「衣冠兼盜賊，饕餮用斯須。」大意是，這些叛
亂者都身居官位，同時又是一群盜賊，貪婪無比，因此必然

第三章　攝政時期的舜

很快就喪生。

其實，三苗所屬的部落是一個有著五千多年歷史淵源的古老部落，存在於黃帝至堯、舜、禹時代。他們最早的始祖是東夷族的太昊伏羲氏，伏羲氏的後代分為九個支系，稱作「九夷」，因音轉而成「九黎」。後來，蚩尤成為九黎的首領。這就是《史記·五帝本紀》張守節正義中講的「九黎君號蚩尤」。

蚩尤居住的地區，正是東夷族少昊氏生活的以今天山東為中心的「東方之域」。《逸周書·嘗麥解》有「命蚩尤于宇少昊，以臨四方」的記載。「于宇」應為「宇于」，也就是命蚩尤居住在少昊的地方。後來，黃帝部落也來到中原，因為炎帝、蚩尤已經形成氣候，只好居於中原偏北的山西、河北一帶，黃帝後裔之國也多在這兩個省份。

為了爭奪生存空間，黃帝部落積極向東推進，與炎帝、蚩尤發生了激烈的軍事衝突，有三種說法。按《史記》的說法，黃帝先大敗炎帝於阪泉，又與蚩尤戰於涿鹿，取得了在中原的統治地位。蚩尤部落戰敗後，一部分與黃帝部落融合，一部分遷居各地。其中有很大一部分被逼回東夷老家，據王獻唐考證，山東鄒縣的邾國（曹姓），就是蚩尤的後裔。有一部分向南方遷徙，與南方苗蠻部落融合。苗族人民長期尊蚩尤為始祖，也反映了蚩尤部落南遷的事實。

　　堯舜時期，三苗是堯下屬的諸侯，主要分布在洞庭湖（今湖南北部）和彭蠡湖（今江西鄱陽湖）之間，即長江中游以南一帶。《戰國策‧魏策一》載：「昔者，三苗之居，左彭蠡之波，右有洞庭之水，文山在其南，而衡山在其北。」《史記‧五帝本紀》裴駰集解引吳起語曰：「三苗之國，左洞庭而右彭蠡」，說的就是三苗的活動區域。

　　三苗活動的時間和範圍，與屈家嶺文化很吻合。屈家嶺地區當時的社會發展水準毫不低於黃河流域，他們從事稻作農業，屈家嶺遺址發現大量的稻穀、稻殼或用稻稈拌泥做的建築材料，顯示出當時糧食生產的總量相當大；製陶業也相當發達，大量不同規格的陶紡輪可以滿足精紡、粗紡的不同需求；石器和玉器的製作工藝，也明顯高於同期的黃河流域。中國最早的一批城堡就出現在屈家嶺文化中。生機勃勃的江漢民族在長江中游崛起以後，開始向北拓展生存空間，這與傳說的三苗叛亂正好吻合。

　　《史記‧五帝本紀》載，堯晚年，「三苗在江淮、荊州數為亂」，不得不率軍與三苗戰於「丹水之浦」。《六韜》說：「堯伐有苗於丹水之浦。」《呂氏春秋‧恃君覽‧召類》稱：「堯戰於丹水之浦以服南蠻。」丹水即今丹江，源於陝西商縣西北，向東南流，流經陝西、河南、湖北三省。《尚書‧呂刑》列舉三苗的罪狀說，三苗不敬神靈而作五刑，殘害百

姓，道德淪喪，背信棄義，反覆背棄盟約。無辜受戮的百姓求告上天，上天因聞不到祭祀供品的馨香，只有濫用刑罰的一片血腥而震怒，所以堯哀憐人民的苦難，用武力遏絕「三苗之君」的暴虐，並使他永無後嗣。這雖然標榜伐三苗是替天行罰，卻曲折地反映了三苗部落已發生了深刻的變革：社會分化正在加劇，傳統觀念、道德規範、習慣法已被拋棄，社會矛盾空前尖銳化，用於階級鎮壓的刑法也已產生。三苗社會文明因素的成長進步已給黃河流域的華夏諸部落造成威脅。

堯舜禹與三苗進行的是一場長期而艱苦的戰爭，堯雖然贏得了丹水之戰，暫時取得勝利，但三苗屢屢破壞和解盟約，致使雙方兵連禍結，戰爭曠日持久。到舜攝政時，三苗再次發動叛亂。舜依靠高陽、高辛各部，聯合伯益部打敗三苗，一舉將其放逐到三危（今甘肅敦煌一帶）。[06]

看來，三苗並非真的像饕餮一樣貪食、貪財，而是隨著本部落的發展進步，積極向北方黃河流域拓展生存空間。《山海經・海外南經》郭璞注云：「昔堯以天下讓舜，三苗之君非之，帝殺之，有苗之民，叛入南海，為三苗國。」這一說法也不無道理，堯選拔聖明而積極有為的舜為繼承人，肯定對三苗不利，三苗當然要極力反抗。

06　到禹時，三苗不服，禹與三苗又進行了一場大戰，從此三苗在歷史記載中消失。

（四）桀驁不馴的鯀

鯀是禹的父親，和舜同是黃帝的後裔，但是輩分差了許多。按照司馬遷在《史記‧五帝本紀》和該書〈夏本紀〉的敘述，舜和鯀、禹的世系是：

黃帝 →昌意 →顓頊 →窮蟬 →敬康 →句望 →橋牛 →瞽叟 →舜

黃帝 →昌意 →顓頊 → 鯀 → 禹

包括黃帝在內，舜是黃帝的九世孫，而同時代的鯀卻是黃帝的四世孫。按宗法關係，鯀是舜高祖父的父輩，窮蟬和鯀是兄弟倆，即便是個老哥哥，但是要老到多少歲才能使玄孫的兒子和自己的小弟弟同世共事？連繫上述舜和娥皇、女英的世系，一代宗師司馬遷也有疏忽！

鯀是顓頊的幼子，性情乖戾，堯說他「負命毀族」，即不聽教訓，喜歡詆毀善類。《左傳‧文公十八年》載：「顓頊氏有不才子，不可教訓，不知話言；告之則頑，舍之則嚚，傲很明德，以亂天常，天下之民謂之檮杌（ㄊㄠˊ ㄨˋ）。」大意是：鯀四六不懂，好賴話不聽，油鹽不進。教訓他，他就死皮賴臉給你看；不教訓他，他就肆無忌憚。正常的道德規範、生活規律，全被他搞亂了。這麼來看，鯀應當是中國歷史上第一個紈絝惡少。《史記‧五帝本紀》張守節正義引《神異經》云：「西方荒中有獸焉，其狀如虎而

第三章　攝政時期的舜

大，毛長二尺，人面，虎足，豬口牙，尾長一丈八尺，攪亂荒中，名檮杌。一名傲狠，一名難訓。」張守節還加了個按語：「言鯀性似，故號之也。」

現代辱罵、訓斥那些道德敗壞的人往往說「禽獸」、「禽獸不如」，這一語言習慣大概從遠古的堯舜時期就開始了。不過遠古先人和飛禽走獸的關係更親近，所以罵得更加具體、更加貼切。他們罵崇惡貶善的共工「窮奇」，罵沒心沒肺的驩兜「渾沌」，罵貪食貪財的三苗「饕餮」，罵桀驁不馴的鯀「檮杌」，我們遠古先人的創造力真是偉大。

鯀乖悖違戾、桀驁不馴的性格，成了他的致命傷。他的最大罪惡是治水失敗而引來的嚴重後果。

由於共工用「壅防百川，墮高堙庳」的方法治水失敗，蓄之日久的洪水從各處衝破共工修築的堤壩，直向東方奔騰而來，天下蒼生被洪水吞噬，倖存者紛紛扶老攜幼奔往丘陵高地，被洪水包圍的百姓只好爬到樹上、房上苟延殘喘……

堯得到消息，連忙召開部落聯盟的議事會議，急忙徵求四岳的意見說：「唉！四岳啊，你們看，浩浩蕩蕩的洪水漫天而來，天下民眾在洪水中備受煎熬，有誰能治理這百年不遇的大水患？」四岳一致推薦了鯀。堯早就知道鯀不堪大用，馬上拒絕說：「鯀不聽教命，喜歡詆毀善類，不行！」四岳堅持說：「我們的意見和您不同，讓鯀試試吧！」在四

岳的堅持下，眼下又沒有更合適的人選，堯才勉強同意。

在堯以前也有過洪水，但不足以釀成大害，可這次洪水空前絕後，採用以往任何治水措施都無濟於事。鯀不思改革，也不採納別人的有效方法，仍然使用共工式堵塞攔截的陳舊方法，結果，治水九年，不僅勞民傷財，而且越治水患越嚴重，渾濁呼嘯的洪水吞沒了房屋、莊稼，甚至淹沒了山陵和高地，倖存的人們被洪水驅趕得流離失所，叫苦連天。

面對鯀的剛愎自用和玩忽職守，舜覺得如不嚴厲制裁，治水事業就將無法布署，水患永無止息，大卜生靈將面臨滅頂之災。

鯀見治水無效，也覺得自己罪惡滔天，難逃其咎，乾脆一不做二不休，祕密積蓄力量，圖謀舉行叛亂，割據自立。多虧了鯀的兒子大禹及時改弦更張、偃旗息鼓，這場叛亂才沒暴露於世。《淮南子‧原道訓》載：「昔者夏鯀作三仞之城，諸侯背之，海外有狡心。禹知天下之叛也，乃壞城平池，散財物，焚甲兵，施之以德，海外賓伏，四夷納職。」於是，舜請示了堯，果斷地將鯀誅殺於羽山（一說在今山東郯城東北）。

舜懲治了「四凶」，不僅大快人心，而且震驚了華夏諸方國。《尚書‧舜典》這樣評價舜：「流共工於幽洲（州），放驩兜於崇山，竄三苗於三危，殛鯀於羽山，四罪而天下咸服。」

第三章　攝政時期的舜

　　從此，舜的威望與日俱增，為他建立宏圖大業鋪平了道路。

　　傳說舜的時代是父系氏族公社經濟最繁榮、軍事武力最強盛的時代，部落之間的血親復仇已演變為爭奪生存空間、掠奪土地人口的戰爭，等級制度、刑法等國家機器也已萌芽，新的社會制度開始來敲門了。舜相繼戰勝共工、驩兜、三苗、鯀等部落，實際是用軍事武力和刑法手段進行的一次華夷文化大融匯，當然，也是舜建立自己天下「王」的權威、震懾天下諸侯的重大舉措。

　　在「人人平等、天下為公」的氏族社會，竟然大刀闊斧地使用刑法制裁四凶，實在是石破天驚的大事情。北宋初思想家、兗州奉符（治今山東泰安）人石介（西元一○○五至一○四五年）在〈攝相〉詩中，稱讚舜放逐四凶的魄力，把他與孔子、周公相提並論：

> 惜無百里地封君，攝相區區道屢伸。
> 少正將身膏斧刃，侏儒流血汙車輪。
> 方令魯國知王法，自此齊侯畏聖人。
> 昔放四凶誅二叔，舜周功業殆同倫。

　　詩中「攝相區區道屢伸」是說攝政的宰相一次次伸張法制，牽扯到四個歷史故事。

　　「少正將身膏斧刃」見於《史記‧孔子世家》，說的是孔子六十五歲時以魯國大司寇的身分行攝相事，誅殺了亂政的

大夫少正卯。

「侏儒流血汙車輪」、「自此齊侯畏聖人」見於《春秋穀梁傳》和《史記·孔子世家》。說的是西元前五〇〇年，齊景公與魯定公會於夾谷（一說在今山東濟南市萊蕪區南）。景公想在會上劫持定公，先是安排東萊人上前奏萊樂，想趁亂劫持定公，被孔子喝退；又安排「優倡侏儒為戲而前」又被孔子嚴厲喝斥：「匹夫而營惑諸侯者罪當誅！請命有司！」優倡侏儒被誅殺，手足異處。齊景公即齊侯，自此畏懼孔子。

「昔放四凶誅二叔」講的是舜放逐「四凶」，周公誅殺二叔。西周武王死後，年幼的周成王繼位，周公攝政。周公的親弟弟管叔、蔡叔與商紂王的兒子武庚聯合東方部落起兵反周，周公平滅了叛亂，誅殺了管叔和蔡叔。

總之，舜攝政後，勵精圖治、舉賢任能、不懼權貴、執法如山，該任命的任命，該處罰的處罰，有效地扭轉了堯晚年政治的頹勢，開始向政通人和、天下大治邁進。

第三章　攝政時期的舜

第四章
遠古發明創造的人格化
代表

第四章　遠古發明創造的人格化代表

　　中國人喜歡把重大發明歸功於他們尊崇的祖先，把遠古人類的產生、物質生活的創立、生產工具的發明、商業行為的發生，甚至是日月星辰、江河湖海、天地萬物等通通歸功於他們，所以產生了盤古開天闢地、女媧團泥造人以及三皇五帝等豐富多彩的傳說。躬耕於濟南歷山的舜，就存在於這些傳說中。

　　三皇五帝時期文化創造空前勃發，有巢氏構木為巢，燧人氏鑽木取火，伏羲氏發明漁網、原始畜牧業，神農氏耕而作陶，黃帝正名百物，這一時期是人類物質生活、精神生活的創立時期。舜緊步有巢氏、黃帝等領航者之後，為遠古人類物質生活、精神生活的創立做出了重大貢獻。

▌堯舜君民舊風俗，凡經幾變到如今 ── 舜作室、築牆、茨屋

　　舊石器時代，人類「穴居而野處」，沒有建造房屋的能力。《禮記‧禮運》篇載：「昔者先王未有宮室，冬則居營窟，夏則居橧（ㄗㄥ）巢。」當時的居住形式，主要有野處、穴居、巢居三種。野處和穴居是自然形成的，巢居是有巢氏發明的。有巢氏是步入華夏建築文化之門的第一人。

　　《韓非子‧五蠹》載：「上古之世，人民少而禽獸眾，人民不勝禽獸蟲蛇。有聖人作，構木為巢，以避群害，而民悅

之，使王天下，號之曰『有巢氏』。」

　　根據考古發現，遠古氣候寒冷乾燥的北方，由穴居、半穴居，上升為地面房屋；炎熱潮溼的南方，由巢居、半巢居，下降為地面建築。

　　《易經·繫辭》說：「上古穴居而野處，後世聖人易之以宮室。上棟下宇，以待風雨。」有巢氏構木為巢，黃帝造宮室，舜建築房屋，清楚地勾畫出遠古人類定居生活演變的軌跡。

　　前面講到，「舜耕歷山，漁雷澤，陶河濱，作什器於壽丘，就時於負夏」，無論到哪裡，人們都願意追隨他。四面八方的民眾都來他這裡居住，「一年而所居成聚，二年成邑，三年成都」。來了這麼多人，要讓大家安居樂業，不是那麼簡單的事，首先要解決他們的居住問題。

　　前面我們還講到東夷族有著「重技藝，尚德行」的文化傳統，而且舜就是在對東夷文化傳承的基礎上才成就了轟轟烈烈的事業，其中「作室、築牆、茨屋」就是其優異表現。

　　在「天下為公」的氏族社會，部落聯盟的最高首領也不能脫離勞動，並且還得身先士卒，因此舜耕歷山、漁雷澤、陶河濱，是屬於親身勞動。《禮記·禮運》云「力惡其不出於身也，不必為己」，大意是大家都爭著為氏族做貢獻，唯恐力氣不是自己出的，但又不是為自己，而是為部落。那時

第四章　遠古發明創造的人格化代表

不僅辛勤耕作是好的，創造發明更是被人尊崇，有巢氏、燧人氏就是因為發明構木為巢與鑽木取火，而被擁戴為天下之王的。

當時，遠古人類正處在穴居和半穴居時期，還沒有地面房屋。歷山、雷澤、河濱一帶少山而多平原，僅僅靠原來的山洞和地穴遠遠無法滿足絡繹而來的人們的需求。舜絞盡腦汁，終於想出了讓大家離開山洞岩穴，在地面搭建房屋的辦法。《淮南子‧修務訓》載：「舜作室，築牆，茨屋，闢地，樹穀，令民皆知去岩穴，各有家室。」大意是，舜帶領民眾建造了房屋，修築了土牆，用茅草、蘆葦蓋屋頂，開墾土地，種植穀物，使人民都知道離開野外穴洞，都有了房屋家室。

「築牆」即用土築牆垣，也稱「版築」。《孟子‧告子下》說：「傅說舉於版築之間。」傅說是個築土牆的東夷族人，後來成為商王武丁的大臣。舜發明版築後，東夷族世代傳承這一技術和居住方式。

山東各地發現了許多龍山文化到岳石文化的城址和居址，正好和《淮南子‧修務訓》記載的「舜作室，築牆，茨屋」相吻合。

龍山文化，泛指中國黃河中下游地區約新石器時代晚期的一類文化遺址，距今約四千六百至四千年，屬於金石並用

時代的文化，因一九二八年考古學家吳金鼎發現於濟南歷城龍山鎮（今屬濟南市章丘區）而得名。

　　岳石文化是繼山東龍山文化之後分布於海岱地區的一支考古學文化，因一九五九年發現於山東省平度市東嶽石村而得名，大約距今四千至三千五百年，分布範圍與龍山文化大致相同，屬於城邦國家發展時期。龍山文化、岳石文化的年代正和傳說中舜生活的年代相吻合。

　　山東鄒平丁公城遺址發現有房址、陶窯、窖穴和墓葬，房址分為半地穴式和地面建築兩類，前者面積較小，一般不超過十平方公尺；後者面積較大，有的近二十坪。丁公城四周城垣比較平整，城牆寬約二十公尺，現存高度一點五至兩公尺。牆體外側陡直，內側較平緩，內外側夯層均向城牆中心傾斜。城牆夯土比較堅硬，主要為五花土。陡直的城牆外邊，應是用版築的方法夯成的。城址的年代約在距今四千六百至四千年之間，基本包括了龍山文化的全過程。

　　濟南城子崖遺址分屬於龍山文化、岳石文化和周代三個城址。龍山文化城址的城牆夯土結構有兩種：一種用石塊夯築，一種用單棍夯築，反映出當時夯築技術在不斷改進。岳石文化城址城垣夯築平整，厚約八至十二公尺。夯土堅硬，採用成束棍夯築，夯窩密集清晰，使用夾板擋土的夯築技術已與商周時代的版築無大區別。從龍山文化城垣的石塊夯

築，到單棍夯築，再到岳石文化的成束棍夯築、用夾板擋土，反映出當時夯築技術在不斷發展。無論是龍山文化城址，還是岳石文化城址，城內都有房屋、水井，城內大約有五千名居民，足以證明舜「作室、築牆、茨屋」的傳說所言不虛。

城子崖版築城牆場景

▎舜與龍山黑陶

舜所在的東夷有虞氏部落為遠古製陶工藝的改進、發展做出了很大貢獻。

在古傳說中，陶器的發明者是炎帝神農氏。他教民製作耒耜，播種五穀，闢地定居，創立了原始農業。農業生產需

要定居的生活，定居又需要各種罈罈罐罐，因此在炎帝神農氏時代，人們就發明了製陶技術。《周書》說的「神農耕而作陶」，就指這一階段的歷史。從考古學的角度上說，中國在距今一萬年到五千年的新石器時代早期就發明了陶器。陶器從陶質上區分，有紅陶、灰陶、彩陶、白陶和黑陶；從工藝上區分，有手製、模製、慢輪、快輪；從紋飾上區分，有壓印、拍印、刻劃、彩繪、堆紋和鏤孔；從陶窯結構區分，有橫穴窯與豎穴窯。這些不同的類別，反映了遠古製陶技術的不斷進步。而與舜同時代的山東龍山文化中的黑陶，代表了古代製陶技術的最高水準。

《史記‧五帝本紀》所載的舜｜陶河濱，河濱器皆不苦窳」，在先秦科技著作《考工記》、《韓非子‧難‧》均有相同記載，說明東夷族的製陶業非常發達。山東龍山文化中的黑陶，尤其是濟南章丘龍山鎮城子崖龍山文化的黑陶，足以證明古傳說所傳不虛。舜所處的濟南歷下，就是龍山文化黑陶的發源地。

自從一九二八年吳金鼎在濟南章丘城子崖發現黑陶後，龍山文化的黑陶以精湛的工藝、漆黑光亮的外形，震驚了整個世界。

城子崖龍山文化時期，製陶業從製陶技術、陶窯結構到經營管理，都發生了顯著變化。在陶器製作中，人們已經利

第四章　遠古發明創造的人格化代表

用快輪極速旋轉的力量加上雙手的配合，使陶坯器形規則，厚薄均勻，器壁變薄，生產效率也大大提高；陶窯的窯室進一步擴大，能燒製大型的陶器，或者一次燒製很多器物，火膛加深，火口縮小，溫度可達到攝氏一千度；同時，還掌握了高溫下嚴密的封窯煙燻的滲碳工藝，從而製成表面呈現黑色光澤的黑色陶器。陶胎較薄，胎骨緊密，漆黑光亮，是龍山文化中黑陶的最重要的特徵，有人總結黑陶「薄如紙，硬如瓷，聲如磬，亮如漆」。龍山黑陶質感細膩潤澤，有如珍珠般的柔雅，欣賞價值極高。

龍山黑陶

龍山黑陶分為細泥、泥質和夾砂三種，以細泥薄壁黑陶的製作水準最高，胎壁厚僅零點五至一毫米，表面磨光，烏黑發亮，樸素無華，薄如蛋殼，故稱蛋殼陶。蛋殼黑陶是山

東龍山文化最有代表性的陶器，反映了當時高度發達的製陶
業水準。

　　龍山黑陶的紋飾一般比較簡單，僅有少數弦紋、劃紋或
鏤孔，而以磨光透亮的光澤作為器皿的主要裝飾內容。它不
以裝飾取勝，而是以造型見長，其造型千姿百態，除了尖底
瓶、罐、盆等外，還有碗、罐、甕、豆、單耳杯、高柄杯、
鬲（ㄌㄧˋ）、鼎等。山東龍山文化中鬼臉式鼎腿、圓環狀
鼎足最有特色，為其他文化所罕見。

黑陶觶

黑陶雙系壺

　　凡進入濟南城子崖龍山文化博物館，或者是山東博物
館、濟南博物館，見到擺放得琳瑯滿目的龍山黑陶的人，無
不為先人的非凡智慧、高超技藝和驚人的創造力所傾倒。
傳說中的舜「陶河濱，河濱器皆不苦窳」，不僅沒有絲毫誇

張，反而講得不到位，並沒把那個時代製陶業的高超水準反映出來。

　　陶器的發明，是人類社會發展史上一項重要的技術革命。它是人類最早運用人工來改變物質的性質，並塑造便於使用的物質形狀的一項製造技術。陶器的發明、製作和應用，在人類飲食生活中有著極為重要的意義。在此之前，人們喝水，只能直接把嘴探到水裡喝，或者用雙手捧水到嘴邊喝，《禮記‧禮運》篇叫「汙尊而抔飲」。食物的加工也只能「火上燔肉」、「石上燔谷」，將獸肉直接放到火中燒，或將粟籽放到石片上焙炒。《禮記‧禮運》篇載：「夫禮之初，始諸飲食，其燔黍，捭豚、汙尊而抔飲。」但是，有了陶製的器具後，人們再也不用不雅觀的「汙尊而抔飲」了，而是像現代人一樣端著杯子喝水，大概這更能具體形象地表現人類的文明進步了。有了火和陶器，就可以用煮、蒸、燉、煎、熬等烹飪方法，製作出帶湯和調味品的食物，可以更加徹底地消毒、滅菌和殺死寄生蟲，更加有利於人體的消化和吸收。陶製的儲存器又便於穀物、水和液態食物的儲存，減少食物在儲存過程中因損耗和受汙染而變質的可能。

　　當然，從神農氏發明陶器，到舜時山東龍山文化的高超製陶技藝，包括上述舜「作室、築牆、茨屋」，下面將要敘述的發明樂曲和樂器，都不是他們個人的創造發明，而是那

個時代先民集體智慧的結晶，舜僅僅是這些創造發明的人格
化代表。

龍山文化陶鬶

▎盡善盡美舊簫韶

　　先人善於從自然界吸收美感，以自然界的某些現象為原
型，進行藝術想像和加工，給生活美的享受和高雅的情趣，
同時又追求實用價值和審美價值的統一。遠古音樂的發明創
造充分證明這美好的現象。

　　原始音樂由聲樂和器樂組成，聲樂是為協調勞動時的動
作和減輕疲勞而創作的勞動號子，後來才發展成娛樂的形

式；而器樂則是出於狩獵需求，人們創造的誘捕飛禽走獸
的擬聲工具，再對其逐步改造、完善、發展成樂器。此說與
《呂氏春秋・仲夏紀・古樂》篇的傳說材料是一致的。

　　《呂氏春秋・仲夏紀・古樂》對遠古樂器、樂曲的由來
做了詳細而系統的記載：「樂所由來者，尚（久遠）也……
昔古朱襄氏（炎帝）之治天下也，多風而陽氣畜積，萬物散
解，果實不成，故士達作為五弦瑟，以來陰氣，以定群生。
昔葛天氏之樂，三人操（揮動）牛尾，投足以歌八闋：一曰
載民，二曰系（玄）鳥，三曰遂草木，四曰奮五穀，五曰敬
天常，六曰建帝功，七曰依地德，八曰總禽獸之極。昔陶唐
氏（堯）之始，陰多滯伏而湛積，水道壅塞，不行其原，民
氣鬱瘀而滯著，筋骨瑟縮不達，故作為舞以宣導之。」

　　該篇接著說，黃帝命令臣子伶倫創作樂律，伶倫從大夏
山之西、崑崙山之北的山谷中，選擇中空而壁厚均勻的竹
子，截取兩個竹節之間的部分，長度為三寸九分，把發出來
的音律作為黃鐘律的宮音，作為十二律之一。接著又製作了
十二根竹管，帶著它們到崑崙山下，聽鳳凰鳴叫，來分辨
十二律。在黃帝的授意下，伶倫還和榮將一起鑄造了十二口
編鐘，用以調和五音，來表現音樂的華美。顓頊命令飛龍仿
效八風的聲音作樂曲，命名為「承雲」。帝嚳命令咸黑創作
了〈九招〉、〈六列〉、〈六英〉等樂曲。倕（《史記》作

「垂」）製造了鼙（ㄆ一ˊ）、鼓、鐘、磬（ㄑ一ㄥˋ）、吹苓、管、塤（ㄒㄩㄣ）、篪（ㄔˊ）、鼗（ㄊㄠˊ）、椎等樂器。堯命令夔製作音樂，夔就仿效山林溪谷的聲音作歌，敲擊石片來模仿天帝玉磬之音以招引百獸舞蹈。瞽叟將神農氏的五弦瑟改進為十五弦瑟，用來演奏樂曲〈大章〉。舜即位後，命令大臣延在瞽叟十五弦瑟基礎上增加八弦，製造了二十三弦瑟；命大臣質進一步完善了〈九招〉、〈六列〉、〈六英〉等樂曲。

在開列了許多音樂和樂器的發明家，列出許多樂章的名稱以後總結說：「故樂之所由來者尚矣，非獨為一世之所造也。」

從這些記載，可以看出：

其一，「樂之所由來者尚矣，非獨為一世之所造也」。從葛天氏「三人操牛尾」，用腳打拍節，到複雜的樂器、樂曲，遠古的音樂經過了一個相當漫長的、由簡單到複雜的發展過程。

其二，女媧氏、朱襄氏、葛天氏、黃帝、顓頊、帝嚳、堯、舜等遠古帝王都參與了樂器和樂曲的發明，還出現了士達、伶倫、榮將、毋句、飛龍、咸黑、倕、質、瞽叟等許多音樂家和樂器發明家，就像上述發明陶器、房屋一樣，樂器和樂曲的發明並非出自某位聖人一人之手，而是各個時代的

第四章　遠古發明創造的人格化代表

遠古先人集體智慧的結晶。

　　其三，音樂的起源並非為了滿足統治者清歌妙舞的需求，而是為了生存、養生、保健，為了「來陰氣，以定群生」，透過樂和舞結合來疏導「氣鬱瘀而滯著，筋骨瑟縮不達」，有益身心健康。葛天氏「八闋」樂的「載民」即養育萬民，「系鳥」即祖先的頌歌，「遂草木」即歌詠草木，「奮五穀」即種植五穀，「敬天常」和「依地德」即遵循自然規律，「建帝功」即建功立業，「總禽獸之極」即掌握禽獸的生活規律。這些都與民眾的生產和生活密切相關。

　　東夷族的音樂素來發達，太昊庖犧氏作三十五弦之瑟，玄女為黃帝作八十面夔牛鼓，少昊親製琴瑟教顓頊彈唱，嫦娥的歌舞冠絕天下，舜的父親瞽叟即使昏庸糊塗，卻是一位難得的樂師和樂器改革家。從《史記‧五帝本紀》中「堯乃賜舜絺（彳，細葛布）衣，與琴」的記載來看，舜本來就會彈琴。《禮記‧樂記》記載：「昔者舜作五弦之琴，以歌〈南風〉。」就連沒心沒肺的象，自以為害死哥哥後，也得意地彈起琴來。在東夷族人人能歌善舞的文化氛圍中，大聖大智的舜在音樂方面的天賦和創造力自然不會比前代帝王遜色。

　　舜在位時，是遠古音樂創作的成熟時期。舜命令樂師質對帝嚳時的樂曲〈九招〉、〈六列〉、〈六英〉進行修正完善，並創作了〈南風〉、〈思親操〉、〈卿雲歌〉、〈簫韶〉

等新樂曲。

　　簫韶之樂是舜創造的盡善盡美的樂章，以至於能達到鳳凰來翔、百獸起舞的程度。簫韶之樂直到春秋時期仍在包括濟南在內的齊國流傳，還讓精通禮樂的孔夫子如醉如痴。《論語·述而》載：「子在齊聞〈韶〉，三月不知肉味。」《論語·八佾》載：「子謂〈韶〉，『盡美矣，又盡善也』。謂〈武〉，『盡美矣，未盡善也』。」宋元以來，濟南大明湖就建有聞韶臺、聞韶館和聞韶驛，以紀念舜的韶樂和孔子對〈韶〉樂的崇拜，逢天朗氣清，站在北岸聞韶驛前的聞韶橋上，可見千佛山及其南面的螺絲頂、大佛頭等清晰地倒映在小東湖的水面上。

　　東夷人喜歡飲酒歌舞，傳說中東夷族的嫦娥善舞並非謬讚。《後漢書·東夷傳》稱：「東夷率皆土著，喜飲酒歌舞。」一九七九年，山東莒縣陵陽河大汶口文化墓葬出土了一件黑陶笛柄杯，柄圓中空，粗細厚薄均勻，杯高十六點四公分，柄高八點四公分，柄徑一點五公分，柄壁厚零點三公分。細柄中部飾兩道節稜明顯的竹節紋，柄部對側各雕鏤一個大小相同、不相對稱的直徑為零點八公分的小孔，經過試吹與測音，證明柄孔的音響，都有固定的音高，並能演奏簡單的曲調。將杯橫置，按堵柄部的一孔或底座的喇叭形孔，或者同時按堵這兩孔，橫吹陶杯柄部的另一鏤孔，便可奏出

第四章　遠古發明創造的人格化代表

四個不同音質的音階，音響優美，音質明亮通透、清脆悅耳，與現代不貼膜竹笛聲音相似，是迄今發現最早的橫吹陶製管樂器。

春秋時期的萊夷（在今山東半島），樂舞仍非常發達。齊國滅掉萊夷，原封不動地保留了萊樂。西元前五○○年，齊景公與魯定公會於夾谷，齊景公安排萊人奏萊樂，試圖藉機劫持魯定公，結果被孔子識破。由此可知，那時的萊樂不僅有音樂，應該還與武舞結合在一起，否則，劫持魯定公的計劃很難實現。

▌堯舜千鐘，孔子百觚 —— 舜與齊魯飲酒之風

中國釀酒、飲酒的歷史源遠流長。《世本》載：「儀狄始作酒醪，變五味，少康作秫酒。」傳說大禹時的儀狄、夏朝的天子少康（杜康）是最早發明酒的人。

其實，儀狄、杜康都不是第一個發明酒的人。考古工作者在新石器時代的仰韶文化遺址中挖掘出若干小型陶罐、陶杯，都是用來釀酒和飲酒的。這說明早在距今六七千年前的仰韶文化時期，我們的祖先就發明了釀酒術。

最原始的酒，是野生水果成熟後，自然界的微生物酵母菌自動分解其中的糖，產生酒精，使果子帶有酒的氣味。以採集和狩獵為生的原始人嘗到這別有滋味的果子後，索性將

野果採下來，發酵後再食用，這就是最原始的酒了，也就是傳說中儀狄造的「旨酒」。國外學者研究證實，許多動物都喜食含酒精的果實，中國古籍中也有猿猴嗜酒的記載。

原始畜牧業產生後，有了獸乳，一時吃不完的獸乳，經酵母菌自然發酵成酒。人們也試著釀造，於是產生了乳酒。《周禮》提到「醴酪」，有的學者認為就是乳酒。

隨著原始農業的發展，穀物或剩飯保存不善而發芽發霉，其中所含的澱粉自然轉化成糖，就容易發酵了。這種發芽、發霉的穀粒，古代叫做「曲蘗（ㄋㄧㄝˋ）」。《尚書·說命下》講：「若作酒醴，爾唯曲蘗。」後來人們叫「酒麴」、「酒母」，把它浸到水裡就會發酵成酒。於是，人們利用曲蘗造出了穀酒，即傳說中杜康造的「秫酒」。

東夷人不僅喜歡歌舞，而且喜歡飲酒，上述《後漢書·東夷傳》中「東夷率皆土著，喜飲酒歌舞」就是證明。考古材料證明，《後漢書》記載的東夷族這一生活習俗所言不虛。山東泰安大汶口文化遺址中出土了許多高柄杯，是典型的飲酒器物。莒縣陵陽河挖掘的四十五座大汶口文化墓葬，隨葬的高柄杯一類飲酒用具達六百六十三件之多。山東龍山文化遺址中發現尊、斝（ㄐㄧㄚˇ）、盉、高腳杯、小壺等陶器，都是用來釀酒和飲酒的。這些釀酒、飲酒器具，真實地反映了遠古東夷人好飲酒的生活特點。從時間上看，新石

第四章　遠古發明創造的人格化代表

器時代與傳說的舜生活的年代正好吻合。

　　出身於東夷族的舜，雖不是釀酒術的發明者[07]，卻是引領遠古飲酒風俗新潮流的「酒星」。劉向《列女傳》記載，舜的糊塗父親瞽叟和頑劣弟弟象再三設計陷害舜沒有得逞後，又想出一個餿主意，假意設宴向舜賠罪，想用酒灌醉舜，然後趁醉殺死他。臨行前，舜又請教了娥皇、女英二女，二女「乃與舜藥浴汪」。結果，從早上一直晚上，瞽叟和象不停地給舜灌酒，舜則來者不拒，終日不醉。上述鳥工、龍工的故事，再加上這次瞽叟和象灌酒的陰謀，舜經歷的三次禍難，都在娥皇、女英的幫助下得以倖免。二女教給舜的「藥浴汪」，應該是中國歷史上最早的醒酒藥，也應該是舜和娥皇、女英重大的發明。

　　其實，舜本身酒量就很大，根本不用借助「藥浴汪」。《孔叢子‧儒服》篇講：「堯舜千鐘，孔子百觚，子路嗑（ㄎㄜˋ）嗑，尚飲十榼（ㄎㄜ）。」大意是，堯舜能飲千鐘酒，孔子能飲一百觚，連多言多語的子路也能一飲十榼。《孔叢子》舊題為秦末儒生孔鮒所撰，應是秦漢時代的作品。遠古時代的酒，是自然發酵而成的米酒和果酒，酒精含量很低，並非北宋以來經過蒸餾的烈性白酒。但即便是低度酒，這個記載也太過於誇張了。按照當時濟南所屬的齊國的量器來

07　郝桂堯：《山東人的酒文化》（新華出版社，2014）認為：「山東人大舜和儀狄可能是中國釀酒的鼻祖。」

說，四升為豆，四豆為區，四區為釜，十釜為鐘。「豆」原是盛肉或盛酒的用具。《考工記·梓人》講：「食一豆肉，飲一豆酒，中人之食。」也就是說，一般人只能喝一豆酒，一鐘是一百六十豆，千鐘是十六萬豆，堯舜的酒量與十六萬個一般人相當。觚也是古代的飲酒器，盛行於商代和西周初期，考古發現的商觚可容納兩升酒。「孔子百觚」，即孔子能喝很多杯酒。槠，也是古代的盛酒器，子路雖然能喝十槠酒，酒量也大得驚人，但比起堯舜、孔子來，就不值一提了。

舜、孔子、子路以後，歷代山東人中的豪飲者比比皆是。戰國時期齊國的淳于髡能飲酒一石。兩晉之際的泰山人羊曼、羊聃、胡毋輔之，高平人劉綏、張嶷，琅玡人王澄、王敦，金鄉人郗鑒，冤句人卞壺等，均嗜酒豪飲。唐代「竹溪六逸」李白、孔巢父、韓準、裴政、張叔明、陶沔，曾在山東泰安徂徠山「日縱酒酣歌」。《水滸傳》中的「大碗喝酒，大塊吃肉」更是讓人心生豪氣，深感山東酒文化的酣暢淋漓。然而，與千鐘不醉的舜相比，似乎是小巫見大巫了。

直到現在，山東人的飲酒禮儀，豪放善飲酒的個性，尤其是山東人的勸酒藝術，讓外省人心生敬畏。豈不知，山東人獨特的酒文化，創始於中華民族的人文始祖 —— 舜。

第四章　遠古發明創造的人格化代表

第五章
堯舜吾君民勛業垂萬年

第五章 堯舜吾君民 勛業垂萬年

堯舜時代，是舊史家津津樂道的太平盛世，西周的「成康之治」、西漢的「文景之治」、唐朝的「貞觀之治」和「開元盛世」，以及清代的「康乾之世」，都無法與它比肩，「堯舜」甚至成為中國仁義道德明君的代名詞。宋人汪任在〈游南山〉中用「堯舜吾君民，勛業垂萬年」來讚美它。

▌創法立制垂千古

五帝時期的古傳說，已沒有太多離奇荒誕的神味，而是半人半神，與現實拉近了距離。黃河流域以及周邊各地林立著許多以城為中心的部落方國，形成一個個方國文化中心。中華五千年文明業已萌動，氏族間的血親復仇已升級為以征服、掠奪為目的的戰爭，私有制不斷加劇著階級分化，各種國家機器呼之欲出，新的階級社會已來敲門了，僅僅依靠原始氏族民主制度來維繫社會秩序已無能為力，時代要求創立一種防止社會混亂的強而有力的新機制。

根據《尚書‧舜典》和其他相關典籍的記載，舜確立的新制度有以下幾點：

（一）五明扇和誹謗之木

舜在攝政以後，尤其是堯帝去世之後，辦事更加謹慎，他不僅徵聘賢人輔政，聽言納諫，而且堅持發揮氏族社會的民主機制，鼓勵民眾參政議政，以改正自己的過失。《尚書》

說他「詢於四岳,辟四門,明四目,達四聰」;西晉崔豹在《古今注·輿服》中說:「五明扇,舜所作也。即受堯禪,廣開視聽,求賢人以自輔,故作五明扇焉。」意思是:舜掌政後,特地製作了五明扇,以表示廣泛聽取臣下和民眾的意見。

五明扇

舜創造發明的、表示廣開言路的「五明扇」,在傳承中逐漸演變為皇帝專用的一種儀仗。《古今注·輿服》還說:「秦漢公卿、士人夫,皆得用之。魏晉非乘輿不得用。」

五明扇是兩個長柄扇,由兩個侍從像舉旗幟一樣打著豎立於身後,扇面張開,以示聽言納諫,或者表示廣開求賢之門。也有的說,遠古的扇子,本來懸掛在座位上方,用繩子牽盪搖動取風,舜將其改造成了五明扇。到西周,五明扇成為貴族的儀仗,用來表示尊卑貴賤,出行時可遮塵納涼,又稱作「障扇」、「仗扇」。從障扇儀仗便知尊卑,「天子八扇,諸侯六扇,大夫四扇,士二扇」。直到秦漢時期,皇帝、公卿、大夫都可使用。到魏晉時期,五明扇始成為皇帝的專用,文武百官都不能享用這種儀仗了。

舜還設置了「誹謗之木」,以表示王者納諫。《淮南子·

第五章　堯舜吾君民 勛業垂萬年

主術訓》載:「堯置敢諫之鼓,舜立誹謗之木。」《後漢書・楊震傳》載楊震語曰:「臣聞堯舜之世,諫鼓謗木,立之於朝。」

由此可知,舜設置了「誹謗之木」,又稱「謗木」,類似現在的「意見箱」。

那麼,遠古時代的誹謗木是什麼樣子呢?據《尚書・禹貢》和崔豹《古今注・問答釋義》解釋,「誹謗之木」即「今之華表木也」。即在地上栽一個木樁,上面釘上一塊橫木,形狀若花,形似橘槔。舜時,大禹帶領民眾治水,命人砍伐樹木,留下樹幹,作為測量山川形勢的標記,叫做「行山表木,定高山大川」。後來,人們在交通要道豎立木柱,作為識別道路的標誌,稱之為「華表木」或「桓表」。表者,標也,就是標示道路的木柱,相當於現在的指路標。它的另一項功能就是讓人們在木柱上刻寫意見,因此又叫「誹謗木」。

「誹謗」在古代是指議論是非、指責過失,即現代的提意見,並不是指造謠汙衊、惡意中傷。例如,《漢書・賈山傳》中有「(秦)退誹謗之人,殺直諫之士」的話,「退誹謗之人」就是指斥退提意見的人。所以,「誹謗木」類似現在的「意見箱」。據蔣良驥《東華錄》卷一記載,清入關前的努爾哈赤時期,就曾於天命五年(西元一六二〇年)六

月「樹二木於門外，有欲訴者書而懸之木，覽其顛末而按問
焉」。這當是「誹謗木」的遺風。

由舜的「五明扇」和「誹謗之木」可知，處在新舊制度
交替前夜的舜，雖然懵懂地感覺到，隨著各種社會矛盾的加
劇，已不能用現存的原始氏族民主制度來維繫社會，必須創
立一種防止社會混亂的、強而有力的新機制，但又沒有把舊
制度的所有成分通通否定，而是繼承了舊制度中有利於自己
統治的、有效和優越的成分。所以，即使「五明扇」和「誹
謗之木」是對舊的原始民主制度的繼承和弘揚，但仍然顯示
了這位仁義道德明君高超的統治藝術和卓越的政治創造力。

（二）天子「五載一巡守，群後四朝」

「五載一巡守，群後四朝」，即天子每隔五年一巡守，四
方諸侯分別在四岳報告政績。

據《尚書·舜典》記載，在舜代堯攝政的當年二月，就
到東方進行了巡守，到泰山舉行了祭祀典禮，對其餘山川都
根據其大小給予不同的祭祀。在泰山，舜召見了包括東夷族
在內的東方部落首領。東夷族的曆法很發達，對日月出沒的
規律把握得非常準確。所以，舜和他們一起觀察天象，使日
月的記時更符合自然運行的實際。另外，他們還經過商討，
統一了律、度、量、衡，制定了公、侯、伯、子、男等禮

節，規定了諸侯以紅、黑、白三種顏色的絲織物作為朝見時的貢獻，叫做「三帛」；卿大夫朝見時貢獻活羔羊和雁，叫做「二生（牲）」；士貢獻死野雞，叫做「一死」，以表示士執干戈而衛社稷，死而不失其節。由此可以看出，舜對東方部落是非常倚重的。

濟南千佛山舜祠南牆西的《柴祭岱宗》圖

　　當年五月，舜分別巡行視察了南嶽衡山、西嶽華山、北嶽恆山，就像祭祀泰山一樣分別進行了祭祀。

　　回來後，舜做出決定，每隔五年，天子都要巡行視察天下，四方諸侯分別在四岳朝見天子，匯報自己的政績，叫做「五載一巡守，群後四朝」。同時，他又訂立了車服獎勵制

度。天子要聽取、考察四方諸侯的政治得失，把車馬衣服獎給有功的諸侯，叫做「敷奏以言，明試以功，車服以庸」。

雖為傳說，但其中的確有可信的成分。如果傳說不虛的話，舜所訂立的這些禮制，幾乎被西周全盤繼承，奠定了西周等級禮制的基礎。西周有天子「五載一巡守」的禮制，諸侯也必須定期朝聘天子。《禮記·王制》規定，諸侯要定期朝聘天子，貢獻一定的方物。兩年一小聘，派大夫去；三年一大聘，派卿去；五年一朝，諸侯國的國君要親自去。後來，歷代王朝都規定地方官要入朝向中央匯報政績。

（三）父系氏族社會的新機制 —— 刑法

刑法是國家的重要組成部分。舜所處的氏族時代是沒有刑法的，維護社會秩序依靠的是氏族首領所擁有的崇高威望。然而舜又處在氏族時代的父系氏族公社時期，是無階級社會到階級社會、「天下為公」的大同社會到「天下為家」的小康社會的過渡時期，私有制的發展、階級等級的出現、國家的產生是社會發展的必然趨勢。能夠敏銳地識別這一歷史轉折的趨勢，敢於創法立制，改弦更張，順應社會歷史發展潮流，在史無前例的情況下，創造出一種維護社會秩序，維護自己統治的新機制，正是一個有雄才大略的「聖人」、「皇」、「帝」的政治素養。

第五章　堯舜吾君民 勛業垂萬年

據《尚書·舜典》記載，舜在器物上刻劃著「五刑」的形狀，以示儆戒，叫做「象以典刑」，可知舜時本來就有墨、劓（一 ˋ）、刖（ㄩㄝ ˋ）、宮、大辟等五刑。

- 墨，又稱黥，在受刑者面上或額頭刺字，並染上墨。
- 劓，割去受刑者的鼻子。
- 刖，夏稱臏，周稱刖，秦稱斬趾，即斬掉受罰者左腳、右腳或雙腳。有另一說稱臏是去掉膝蓋骨。
- 宮，又稱淫刑、腐刑、蠶室刑，是割去受罰者的生殖器。
- 大辟，即死刑，分為戮、鑊烹、車裂、梟首、棄市、絞、凌遲等。

五刑中除大闢為死刑，其餘四種皆為傷殘肢體的肉刑，反映了蒙昧時代的野蠻、殘酷。舜用流放的刑法代替了五刑，以示寬大。官吏犯法用鞭刑。教化民眾有不服從者，使用一種叫「檟（ㄐㄧㄚ ˇ）楚」的木製器具笞打，叫做「撲作教刑」。犯了過錯可以用金贖罪，類似我們今天的罰款。如果犯了小錯，或者過錯雖大，但屬偶然初犯，可以赦免。罪大惡極又不知悔改者，則嚴懲不貸，叫做「怙終賊刑」。《尚書·舜典》中載「流共工於幽州，放驩兜於崇山，竄三苗於三危，殛鯀於羽山」，「流」、「放」、「竄」都是流刑，「殛」是對怙惡不悛者的「怙終賊刑」，也就是死刑。最後舜

講：「欽哉！欽哉！唯刑之恤哉！」意思是：敬慎啊！敬慎啊！使用刑罰一定要慎重啊！這是遠古歷史上第一次減輕刑法和提出敬刑慎罰的告誡。

這樣，在舜時中國遠古的刑法體系已初具系統。

▌九州禹跡忘安樂 —— 夷夏聯合治水

當時，舜面臨的首要問題當然是徹底根除水患。

（一）多事之秋的堯

中國遠古這場亙古未有的大水患發端於堯為天下王之時。堯是著名的遠古仁義道德明君，《史記·五帝本紀》說他「其仁如天，其知如神。就之如日，望之如雲。富而不驕，貴而不舒」。他在位期間，一直是多事之秋。據《淮南子·本經訓》記載，先是天上「十日並出，焦禾稼，殺草木，而民無所食」，地下猰貐（一ㄚˋ ㄩˇ，吃人的怪獸）、鑿齒（長有像鑿子一樣的長牙的怪獸）、九嬰（有九個頭的水火之怪）、大風（風伯，能摧毀人的屋舍）、封豨（ㄒ一，大野豬）、修蛇（長蛇）等猛獸「皆為民害」，天下民眾處在水深火熱之中，堯派東夷族的首領羿「上射十日而下殺猰貐」等，才平息了這場大天災。這段歷史傳說，實際是堯統治區內十個以太陽為圖騰的部落，以及九個以猛獸為圖騰

第五章 堯舜吾君民 勛業垂萬年

的部落發動了叛亂，民眾備受戰亂之苦，堯依靠東夷部落首領羿等強大的軍事武力才平息了這場叛亂。可好景不長，一場更大、更持久的洪水災害又降落到天下蒼生身上。

水患剛剛發生時，還不像後來那麼嚴重，但由於堯手下的共工採用了「壅防百川，墮高堙庳」的錯誤治水方法，結果釀成了更大的水患。接著，堯又任用了剛愎自用的鯀治水九年，不僅水患沒減，反而貽誤了治水的時機，滔滔洪水甚至包圍了大山，沖上了陵岡，司馬遷用「懷山襄陵」來形容當時洪水的浩大。那時的堯已近晚年，內外交困的形勢使他感到處處力不從心，於是，他勇於讓賢，把舜推上了歷史舞臺。

（二）大禹治水

受命於危難之際的舜，在這千年不遇的大洪水面前，為了整肅法紀，徹底根除玩忽職守的惡劣行為，有效布置治水事宜，果斷地將鯀處以殛刑。他深知，這場曠日持久的大洪水依靠一人主持實在難以治理，決心動員夷、夏各方國部落攜手並肩，共治水患。他慧眼識英才，大膽起用鯀的兒子禹，全面負責治水事宜，並以「汝平水土，維是勉之」，鼓勵他完成父親的未竟事業。此外，皋陶、后稷、契以及四岳等，均奉命輔佐禹，參與治水事宜。

夷夏聯合治水的方案，吸收了一大批夷夏治水專家，反映了舜這位天下聖君放眼天下的博大胸懷和卓越的統籌、領導才能。

禹（畫像磚）

同樣受命於危難之中的大禹並沒因舜處罰了他的父親就嫉恨在心，而是欣然接受了這一任務。他決心以自己的成功洗刷父輩的恥辱。當時，大禹剛剛結婚四天，他的妻子塗山氏是一位深明大義的女人，同意丈夫前去，大禹灑淚和自己的恩愛妻子告別，踏上了征程。

大禹帶領著伯益、后稷和四岳等一批助手，跋山涉水，餐風露宿，走遍了當時中原大地的山山水水，窮鄉僻壤和人跡罕至的地方都留下了他們的足跡。沿途，他們看到無數的人民都在洪水中掙扎，一次次在那些流離失所的人民面前流下了自己的同情淚。

據《史記·夏本紀》、《韓非子·五蠹》記載，大禹總結了以前治水，特別是父親治水失敗的經驗教訓，放棄共工式堵塞攔截的方法，大膽採用「掘地而注之海」的新方法。他

第五章　堯舜吾君民 勛業垂萬年

率領民眾「行山表木，定高山大川」，開挖溝洫，把積水排入河道，又疏通舊河道，開鑿新河道，讓氾濫成災的洪水經由河道流入大海。工作中，他「左準繩，右規矩」，走到哪裡就丈量到哪裡，夜以繼日地忙碌。史書上說他勞身焦思，身執耒臿以為民先，披星戴月地奔波，「陸行乘車，水行乘船，泥行乘橇（ㄑㄧㄠ），山行乘檋（ㄐㄩ）」，節衣縮食而「卑宮室」，將節省下來的資財用於治水。日日夜夜的艱辛和勞累，使大禹累瘦了，渾身都曬黑了，腿上的汗毛全磨光了，甚至連大腿和腳脛都不長毛，史書上叫「股無胈，脛不生毛」。隨著治水局面的逐漸好轉，大禹又根據天下的山川形勢，把中國劃分為冀州、兗州、青州、徐州、揚州、豫州、梁州、雍州、荊州等九州，並為九州的高山大河命名。經過十三年艱苦卓絕的努力，他們對九州的大山都進行了開鑿整理，使河流疏濬通達，湖澤也有了堤防而不再漫溢，《史記・夏本紀》中叫「開九州，通九道，陂九澤，度九山」。至此，自共工以來為害幾十年的大水患終於平息了。

（三）禹鑿龍門

　　在治水中，大禹展現了一個水土專家的高度智慧和非凡的創造力。

　　從大禹「左準繩，右規矩」可知遠古治水中的科學性，其中開鑿龍門工程突出表現了這位治水專家巧奪天工的魄力

和膽識。《呂氏春秋‧愛類》、《淮南子‧本經訓》都記載，由於在大禹治水之前，「龍門未開，呂梁未發」，黃河堵塞，氾濫逆流。大禹將黃河水從甘肅的積石山引出，到呂梁山時，不料被龍門山擋住了。他察看了地形，一個大膽的想法跳入腦中：如果將龍門山鑿開，被堵塞的洪水不就可以一瀉千里了嗎？於是，大禹果斷地決定：開鑿龍門山口！經過艱苦奮戰，偌大一個龍門山被開出一個約八十步寬的口，黃河水沖出口，奔騰而下，洪水很快被排掉，向東流去。這就是古代「禹鑿龍門」的傳說。人們所說的「鯉魚躍龍門」，也是指此處。

龍門是黃河的咽喉，傳說大禹開鑿的龍門有兩處。一處在陝西韓城與山西河津之間的龍門山，位於山西省西北十二公里的黃河出口處。此處毗鄰兩面大山，黃河夾中，河寬不足四十公尺，河水奔騰，破「門」而出，場面十分壯觀。另一處是洛陽南面的龍門山，又稱伊闕。《水經注》說：「昔大禹疏以通水，兩山相對，望之若闕，伊水歷其間北流，故謂之伊闕矣。」《漢書‧溝洫志》也說：「昔，山陵當路者毀之，故鑿龍門，辟伊闕。」

由此可知，大禹鑿龍門，不僅為黃河洩水入海所必需，而且功在千秋、造福萬代。由於黃河龍門兩山壁立，雖然狀似斧鑿，但說它是人工開鑿似乎讓人難以置信，因此現代人仍然為其究竟是天然形成的還是大禹開鑿的而爭論不休呢！

第五章 堯舜吾君民 勳業垂萬年

（四）天涯路遠是為家 ——「三過其門而不入」的故事

在大禹治水過程中，最讓人感動、最能展現他敬業精神和奉獻精神的是「三過其門而不入」的事蹟。

《尚書·皋陶謨》中，大禹說：「予娶塗山，辛壬癸甲。啟呱呱而泣，予弗子，唯荒度土功。」意思是：我娶了塗山氏的女兒為妻，婚後僅僅四天便出發去治水。待到兒子啟生下時，一落地便呱呱地哭著，我雖從門前經過，卻不曾進去看看他，因為我正用全力忙於治水的事情。

《孟子·滕文公上》載：「禹八年於外，三過其門而不入。」

《華陽國志·巴志》載：「禹娶於塗山，辛壬癸甲而去，生子啟，呱呱啼，不及視，三過其門而不入室，務在救時。」

新婚四天就出發去治水，有了兒子，卻十三年「三過其門而不入」，在那愚昧落後的蒙昧時代、野蠻時代，具備如此令人震撼的奉獻精神和敬業精神，你能想像到嗎？

《漢書·武帝紀》顏師古注引《淮南子》的記載說得更具傳奇色彩。大禹為治水而開山，變為一隻熊。禹對妻子塗山氏說：「聽到鼓聲，就來送飯給我。」結果禹掀起的石頭不小心落到鼓上，發出「咚咚咚」的響聲。塗山氏連忙提飯前往，見禹變成一隻熊在破石，羞慚而去，跑到山下變成了石

頭。緊追而來的禹大喊：「還我兒子！」石破而啟生。

　　古代「重道德而輕功力」，有著博大精深的道德累積，凡今天我們所講到的優秀品德，古代幾乎都有涉及。如《漢書‧賈誼傳》把公私關係提到一個很高的境界，叫做「國爾忘家，公爾忘私」，這一道德精神的最早實踐者，可以說是治水的大禹。

　　大禹在治水過程中，大禹以「三過其門而不入」的敬業精神和奉獻精神，以人為本，因勢利導，經過艱苦卓絕的努力，終於取得了成功，並由此形成以公忘私、民為邦本、人定勝天、創新思考為內涵的大禹治水精神。它作為中華民族精神的源頭和象徵，作為一種強大的精神激勵力量，對後代產生了深遠而積極的影響。

舜肇（劃）十二州與濟南城子崖城址

　　大禹根據天下的山川形勢，把中國劃分為九州。關於禹劃「九州」，有《禹貢》九州說、《周禮》九州說、《爾雅》九州說、《呂氏春秋》九州說等。《尚書‧禹貢》記載的「九州」是冀州、兗州、青州、徐州、揚州、荊州、豫州、梁州、雍州。後來，人們習慣把中國稱為九州，即據此。魏晉阮籍的「登高望九州」，南宋陸游的「但悲不見九州同」，元朝王冕的「九州多禹跡」，都是指禹劃分的九州。

第五章　堯舜吾君民 勛業垂萬年

關於「舜肇十二州」之說，《尚書·舜典》有明確記載：「肇十有二州，封十有二山。」對這十二州的名稱卻沒有具體說明。孔穎達正義曰：「禹治水之後，舜分冀州為幽州、並州，分青州為營州，始置十二州。」 實際是在《禹貢》九州的基礎上多了幽、並、營三州，即冀、兗、青、徐、荊、揚、豫、梁、雍、並、幽、營，為十二州。唐朝詩人李頻的詩句「科條盡曉三千罪，囹圄應空十二州」，其中「十二州」即指「舜肇十二州」。

作為中國古代確鑿的行政區劃，州是漢武帝時才有的建置，舜、禹時的州只是傳說。據考古發現，當時居住在山東地區的東夷族就有許多城址，有的地方甚至是古城林立，可以證明當時雖無「州」的名稱，但方國聯盟後，由「王天下」的盟主劃定的、以方國為中心的行政區劃是存在的。其中，濟南章丘的城子崖古城遺址就是一個典型的行政區劃城址。

城子崖城址始建於龍山文化（距今四千六百至四千年）早期，一直延續到岳石文化（距今四千至三千五百年）時期和春秋初期。

城子崖古國生活場景

一九二八年年，考古學家吳金鼎先生在濟南歷城縣龍山鎮（今屬濟南章丘）發現了城子崖遺址。一九三〇年至一九三一年，中國中央研究院歷史語言研究所與山東省教育廳聯合進行兩次挖掘；一九八九年至一九九〇年，山東省文物考古研究所又對遺址進行挖掘，發現古城遺址分別屬於龍山文化、岳石文化和周代三個時期。

三個時代的疊加城牆

第五章　堯舜吾君民 勛業垂萬年

　　龍山文化城址，北面的城牆彎曲，並向外凸出，城牆的拐角呈弧形，東、西、南三面的城牆比較平整。城內東西寬約四百三十公尺，由於北面城牆不規則，南北最長處約五百三十公尺，平面基本呈一個正方形，面積約二十萬平方公尺。

　　岳石文化城址面積約十七萬平方公尺，北面的城牆重疊夯築在龍山文化城牆之上，有早晚之分，東、西、南面的城牆都在龍山文化城牆以內夯築。城牆夯築平整，厚約八至十二公尺。

　　周代的城牆疊壓在岳石文化城牆的內側，已殘存無幾。在城子崖城址的西、南城牆的挖掘保護現場，透過逐漸變黑的黃土斷層，可以看到「三城疊壓」的痕跡：龍山文化城牆在最下層，岳石文化城牆在中層，最上層是周代文化城牆。

　　據史料記載，周代的城子崖為譚國的都城，春秋初年，譚國被齊桓公所滅。龍山文化城、岳石文化城內均發現有房基、水井，據推算，居民大約在五千人以上，建築城牆的目的顯然已不是單純防禦野獸侵害了。據此可以推斷，即便是舜不在其中居住，它也應該是海岱地區東夷族某一個部落方國的政治、經濟、文化中心；即便不是「舜肇十二州」之一，也應該是舜下屬東夷族的一個行政區。

　　在海岱地區，發現了許多龍山文化、岳石文化時期的城

址，如龍山文化時期的鄒平苑城鎮丁公村東的丁公城址，龍山文化早中期的五蓮潮河鎮丹土城址，龍山文化中晚期的壽光邊線王城城址，龍山文化中晚期的臨淄田旺城址。另外，陽谷景陽崗城址、皇姑塚城址、王家莊城址，茌平教場鋪城址、尚莊城址、樂平鋪城址、大尉城址，東阿王集城址等，都是山東龍山文化時期的城址。

在中國古代，「立國」是與築城相隨的，它顯示了人力、物力、資源的集中，以及行政控制與組織管理的複雜。這些城址雖不能稱作「舜肇十二州」的「州」，但至少反映了當時的行政區劃情況。

願補日月歌太平 —— 輔佐虞舜的遠古聖賢

當時，一場大洪水把堯統治時的昇平景象蕩滌殆盡，水患漫延，莊稼無收，民眾流離，百業待興。另一方面，禹、皋陶、契、后稷、伯夷、夔、龍、垂、益、彭祖等一大批賢才自堯時雖被舉薦，卻都沒有明確分工，難以發揮才能。於是，舜召集包括四岳在內的十二州的方國部落首領共商大計，在布置夷夏聯合治水的同時，在集思廣益的基礎上，選賢舉能，對各項國家大政的人選做了重新安排。

由於連年水災，黎民飢餓不堪，舜任命后稷主管農事，輔佐禹治水，教導人民播種五穀；派契擔任司徒，輔佐禹治

第五章　堯舜吾君民 勛業垂萬年

水，同時負責教化人民，使君臣、父子、兄弟、夫婦、朋友
之間互相恭順；任命皋陶為士，輔佐禹治水，掌管五刑，懲
治寇賊奸宄，防禦方外「蠻夷」的侵擾；任命益為山澤之
官，管理山林川澤的草木鳥獸；任命伯夷為秩宗，負責典掌
三禮，祭祀鬼神；任命垂擔任百工，掌管各項手工製作；任
命夔擔任樂官，負責協和音律、詩歌，教化貴冑子弟；任命
龍為納言，傳達天子命令，使上情下達、下情上達。最後，
舜鄭重告誡他們，每個人必須恪盡職守，每隔三年進行一次
考核，有功者升遷，瀆職者罷免。

（一）直上青天揮浮雲 —— 皋陶

皋陶像

　　皋陶（ㄍㄠ 一ㄠˊ），一作咎繇，傳
說中的東夷族首領，偃（一ㄢˇ）姓，生於
曲阜（今屬山東），是與堯、舜、禹齊名的
「上古四聖」之一。葬之於六（ㄌㄨˋ），禹
根據他的功德，封其後裔於英、六一帶（今
安徽地區），故皋陶被尊為的始祖。
　　《史記·秦本紀》載，黃帝孫顓頊有孫女
叫女修，在紡織時吞玄鳥（燕子）卵生下大業。張守節正義
引《列女傳》和東漢班昭的注釋認為，大業就是皋陶。
　　《史記·殷本紀》講：「古禹、皋陶久勞於外，其有功乎
民，民乃有安。」這裡顯然是說，禹和皋陶長期在外治水，

讓民眾安居樂業，所以對百姓有功勞。《尚書‧皋陶謨》是
舜和皋陶、禹等在一次會議上的討論記錄，中心發言人是皋
陶。「謨」是策略、規劃的意思，可知皋陶在舜的臣下中屬
於謀劃治國策略的中心人物。其中，皋陶給舜、禹等人講述
的「九德」就很有見地。這九德是：

- 「寬而栗」，豁達寬厚而又正氣凜然。
- 「柔而立」，和氣溫柔而又有主見。
- 「願而恭」，性情隨和而又堅持原則。
- 「亂而敬」，才能出眾而又認真敬業。
- 「擾而毅」，聽言納諫而又不被迷惑。
- 「直而溫」，行為正直而又態度溫和。
- 「簡而廉」，既能從大處著眼，又能從小處著手。
- 「剛而塞」，剛正不阿而又不盛氣凌人。
- 「強而義」，勇敢而又善良。

　　直到現在，皋陶的「九德」仍然是我們為人處世的
原則。

　　戰國時期的思想家孟子十分崇拜堯舜，「言必稱堯舜」。
《孟子‧滕文公上》講：「堯以不得舜為己憂，舜以不得禹、
皋陶為己憂。」可見，禹和皋陶是舜的左膀右臂。《史記‧殷
本紀》把皋陶、禹、后稷稱作舜手下德高望重的「三公」。

　　由於連年水災，民眾飢寒交迫、流離失所，導致道德淪

第五章　堯舜吾君民 勛業垂萬年

喪、盜賊橫行，殺人越貨、攔路搶劫、恃強凌弱的事件經常發生，社會治安十分混亂。據《尚書‧皋陶謨》、《史記‧五帝本紀》載，舜在部署夷夏聯合治水時，對皋陶說：「皋陶啊！現在外族部落經常來侵擾我們，寇賊奸人到處為非作歹，殺人越貨，希望你擔任法官，根據犯人的罪行大小使用五刑，大罪示眾於原野，次罪行刑於市，再次宣示於朝，把他們的罪行昭示天下，讓人們有所警誡！為了表示寬大，也可以用流放來代替五刑。記住，只有明察案情，量刑得當，人民才會信服。」

皋陶擔任的士，是遠古的司法長官，負責刑罰、監獄、法治，因此他被奉為中國司法鼻祖。他輔佐禹治水，主要是推行法治，維護社會秩序的穩定，使禹能在刑法的保證下落實各種治水措施，同時也能及時懲處治水不利或者破壞治水的官員和刁民。正是有了皋陶這樣明察秋毫、執法如山的法官執法，禹的治水才能大刀闊斧地進行。

史書上說皋陶為法官，不僅執法如山，而且斷獄十分精準，天下無虐刑、無冤獄。

《荀子‧非相》載：「皋陶之狀，色如削瓜。」大概是因為他執法嚴厲，才這樣說他。北宋司馬光在〈憫獄謠〉中稱讚他說：

五刑象天有震耀，上聖本以防奸邪。

法官由來少和泰，皋陶之面如削瓜。

　　唐朝詩人李白的詩〈魯郡堯祠送竇明府薄華還西京〉，寫得更加大氣磅礴：「何不令皋繇擁篲（ㄏㄨㄟˋ）橫八極，直上青天揮浮雲。」意思是：為什麼不讓皋陶用掃帚橫掃四面八方，沖上青天，把那些藏汙納垢的奸宄一掃而光！

　　皋陶還是古代斷案如神的法官的鼻祖，他使用一種叫獬豸（ㄒㄧㄝˋ ㄓˋ）的獨角獸來斷獄。獬豸形態似羊，但只有一隻角，據說牠很有靈性，能分辨曲直，見人爭鬥，就用角去頂觸理屈者。皋陶判決疑案時，便放出獬豸，如果犯人有罪，獬豸就會上前頂觸他；如果獬豸不去頂觸，這人自然是冤枉的。有明察案情的獬豸幫助斷案，那些作奸犯科者都不敢抵賴，不用動刑就紛紛如實招供。所以，皋陶後被傳為「獄神」。據東漢王充《論衡·是應篇》載，漢代衙門均供奉皋陶，懸掛獬豸的畫像。

　　《史記·夏本紀》張守節正義：「皋陶生於曲阜。曲阜偃地，故帝因之而以賜姓曰偃。堯禪舜，命之作士。舜禪禹，禹即帝位，以咎陶最賢，薦之於天，將有禪之意。未及禪，會皋陶卒。」皋陶經歷了舜、禹兩代天子，本來被選為禹的繼承人，可惜沒等繼位就去世了。

第五章　堯舜吾君民 勛業垂萬年

（二）伯益佐舜禹，職掌山與川

　　益，即伯益，又稱柏翳、大費，黃帝的六世孫，皋陶之子，東夷族偃姓部落的首領。

　　為了管理好山林川澤，舜徵求大家的意見，問：「誰能幫我管理山林川澤中的草木，馴化其中的鳥獸？」臣下一致推薦了益。於是，舜任命益為管理山林川澤的虞官。《史記·秦本紀》說益「佐舜調馴鳥獸，鳥獸多馴服，是為柏翳。舜賜姓嬴氏」。所以，伯益不僅是秦、趙之祖，還是所有嬴姓各族的祖先。

　　在輔佐禹治水的過程中，益一直是禹的「後勤部長」。雖然在舜的時代已經確立了農業經濟，但狩獵仍然是重要的經濟來源。尤其是遭遇幾十年的洪水之後，莊稼被淹沒，狩獵經濟又成為人們賴以生存的衣食之源。益熟悉各種鳥獸的習性，見禹薄衣惡食，經常和禹一起打獵，把獵獲的鳥獸分發給災民。更難能可貴的是，益在洪水侵襲的地方，根據當地地勢低窪的特點，教民種植稻穀，維持了受災期間農業的存續，在一定程度上解決了災民的燃眉之急。在漫長的治水歲月裡，如果沒有益在衣食上源源不斷地補充供應，禹的治水計劃很難實現。直到治水成功後，禹還追念這段歷史。

　　益還有一項重要的創造發明是鑿井，《呂氏春秋·勿躬》有「伯益作井」的記載。益長期跟隨禹治水，了解地下水源

的祕密，發明鑿井是很可能的。在不知道人工鑿井之前，人們只能居住在江河湖泊附近，一離開地上水，就不能生存。發明人工鑿井之後，人們便可以遠離江河，任意選地居住了。所以，益發明鑿井，大大地開拓了人類的生存空間，是人類生活史的一個里程碑。

《史記‧夏本紀》載：「帝禹立而舉皋陶薦之，且授政焉，而皋陶卒。封皋陶之後於英、六，或在許。而後舉益，任之政。」禹本來舉薦皋陶為繼承人，可惜皋陶先禹而逝世，禹又舉薦了皋陶的兒子益，並把政務交給他處理。禹死，三年服喪結束，益避居箕山之北。禹的兒子啟破壞禪讓制，殺掉了益，自己繼承了帝位，建立了夏朝。這就是《竹書紀年》上說的「益干啟位，啟殺之」。

益死後，他所在的東夷嬴姓部落仍然居住在今山東萊蕪一帶。西周初年武庚叛亂，嬴姓部落也參與其中，遭鎮壓後被迫遷往西方，成為西周西方的藩衛。直到周宣王時，益的後代才被封為西陲大夫，秦襄公時又被封為諸侯，這就是後來蒸蒸日上的秦國。

（三）曠古誰高后稷功

如果說，益以狩獵經濟和水稻支持了大禹治水，后稷則是災後重建家院、恢復農業生產的主導者。

第五章　堯舜吾君民 勳業垂萬年

后稷，名棄，西周姬姓的始祖。其母姜嫄是帝嚳的元妃，在野外踩到巨人的足跡而有孕。生下孩子後，以為不祥，棄他於陋巷，過往的馬牛皆避而不踩；扔到河中冰上，飛鳥像母雞孵卵一樣為他取暖。姜嫄以為他是神，又把他抱了回來。因當初想拋棄他，故名曰「棄」。棄自小就鍾愛農作物，

后稷像

喜歡種植麻、菽，並且他種植的麻、菽特別高大茂盛。成人後，他善於種植百穀。舜倡導夷夏聯合治水，舉他為農師，負責指導天下的農業，命他和益一同輔佐大禹治水。

在《尚書・皋陶謨》中，禹追憶棄的功勞說，我疏通了九州的河流，使大水流進四海，還疏通了田間小溝，使田裡的水都流進大河。洪水一退，又和后稷一起教民播種百穀，為民眾提供食物，使民眾重建家園，得以安居樂業。由此看來，后稷輔佐大禹治水的主要功績是災後恢復農業生產，安定民眾生活。

后稷還是中國社稷神中的稷神，即穀神。《國語・魯語上》載：「昔烈山氏之有天下也，其子曰柱，能殖百穀百蔬；夏之興也，周棄繼之，故祀以為稷。共工氏之伯九有也，其子曰后土，能平九土，故祀以為社。」中國遠古有柱、棄兩個稷神，夏朝以前祭祀的是柱，商朝以來，棄取代

柱成為稷神。所以《左傳・昭公二十九年》講：「有烈山氏之子曰柱為稷，自夏以上祀之。周棄亦為稷，自商以來祀之。」

（四）契和伯夷

契是商的始祖，傳說契母簡狄為黃帝曾孫帝嚳妃，吞玄鳥蛋懷孕而生契。契與益的部落同為鳥圖騰，契也是東夷族的部落首領。《史記・殷本紀》說他「佐禹治水有功」，舜命他為掌管民眾教化的司徒，並語重心長地對他說：「契啊！現在百姓不親和，君臣、父子、夫婦、長幼、朋友之間不能恭順。你作為司徒，要對他們進行仁、義、禮、智、信方面的教育，記住要本著寬厚的原則。」的確，「倉廩實則知禮節，衣食足則知榮辱」，在奔騰呼嘯的大洪水面前，在流離失所、腹無粒米的飢寒面前，人們生死難卜、自顧不暇，必定是人心惶惶、混亂不堪，哪還顧得仁義道德啊！契的最大功勞就是推行教化、穩定民心、振奮精神，讓大家萬眾一心，共赴水患。由於厥功至偉，他被舜封於商，賜姓子氏，成為商朝子姓的始祖。

伯夷即《國語・周語下》中記載的「四岳」，是炎帝的後裔，共工的從孫，東夷族的部落首領，伯夷所在的部落是個歷史悠久的部落，《國語・鄭語》說伯夷「禮於神以佐堯」，早在堯的時候，已經作為人神之間的媒介為堯服務了。

第五章　堯舜吾君民 勛業垂萬年

　　《國語·周語下》有一大段共工氏、鯀、禹治水的記載，說大禹治水，「共之從孫四岳佐之」，可能就是指在夷夏聯合治水中，伯夷輔佐大禹，擔任秩宗，負責典掌三禮，祭祀鬼神。所謂「三禮」，東漢馬融說指奉祀天神、地祇、人鬼之禮。治水成功後，舜「祚四岳國，命以侯伯，賜姓曰姜，氏曰有呂，謂其能為禹股肱心膂，以養物豐民人也」。意思是，封給伯夷四岳國土，爵位為侯伯，賜姓姜，為有呂氏，說他是大禹治水的忠實心腹，和大禹一起幫助災後的民眾過上富足的生活。

　　據《史記·齊太公世家》記載，伯夷及其後裔被封的是呂國和申國，都在南陽的宛縣（在今河南南陽宛城區）。商朝末年，輔佐周武王伐紂並被封齊國的開國之君的太公望呂尚，就是伯夷的後裔。

（五）垂、夔、彭祖

　　垂是遠古著名的能工巧匠和樂器發明家。早在帝嚳時代，垂就發明了鐘，隨後又發明了鼙、鼓、鐘、磬、吹苓、管、塤、篪、籈等樂器。在白居易的〈長恨歌〉中有一句「漁陽鼙鼓動地來，驚破霓裳羽衣曲」，這裡的「鼙鼓」就是垂發明的。

　　舜任命他擔任百工，掌管各項手工製作。垂謙虛地提議讓殳（ㄕㄨ）斨（ㄑㄧㄤ）、伯與來擔任。舜爽快地說：

「好，就讓他們與你一起擔任這項職務。」這樣，舜一下子網羅了一批能工巧匠。

擔任樂官的夔的傳說非常神奇，《山海經·大荒東經》載，入東海七千里有座流波山，山上有野獸，形狀像牛，青色的身子沒有長角，只有一條腿，出入海水定會伴隨風雨，牠發出的光芒就像太陽和月亮，牠的吼聲像雷鳴聲，這野獸名為夔。黃帝用牠的皮蒙鼓，再拿雷獸的骨頭敲打這鼓，響聲能夠傳到五百里以外，用來威震天下。清初馬驌的《繹史》卷五載：「黃帝伐蚩尤，玄女為帝製夔牛鼓八十面，一震五百里，連震三千八百里。」

在神話中，人們喜好傳聞的是「夔一足」，說夔只有一隻腳。商周青銅器上有一種夔紋，形態近似龍，有一角、一足，口張開，尾巴向上卷。有的夔紋已經發展為幾何圖形。

孔子否定了「夔一足」的傳說，肯定他是一個精通音樂的人。《韓非子·外儲說左下》載，魯哀公問孔子說：「我聽說夔只有一隻腳，可信嗎？」孔子說：「夔是個人，怎麼會只有一隻腳？他沒有什麼特殊的地方，只是精通音樂而已。堯說：『有夔一個人就足夠了。』委任他當了樂正。因此有學識的人說：『夔，有一，足矣，非一足也。』」

其實，關於夔一足、一角的傳說，正說明夔對音樂和樂器的專一和熱衷。《尚書·堯典》中，帝舜對夔說：「夔，

第五章　堯舜吾君民 勛業垂萬年

任命你掌管音樂事務，負責教導年輕人，使他們正直溫和，寬厚恭謹，剛毅而不暴虐，簡約而不傲慢。詩是表達思想情感的，歌是吟唱出來的語言，音調要合乎吟唱的音律，音律要諧和五聲。八種樂器的音調能夠調和，不失去相互間的次序，讓神和人聽了都感到和諧。」夔表示：「好啊！讓我們敲著石磬，奏起樂來，讓群獸都感動得跳起舞來。」

在舜任命的二十二個賢人中，《史記·五帝本紀》還提到了彭祖，雖然沒講他的具體職務，但他也是舜時期的重要人物。

彭祖，姓籛（ㄐㄧㄢ）字鏗（ㄎㄥ），又稱彭鏗，顓頊的後裔，與楚國羋姓的季連同為陸終氏之子。因被堯封於彭城，建立大彭國，後人尊稱他為彭祖。

彭祖是傳說中的長壽星，活了八百歲。東晉葛洪《神仙傳》中說他「喪四十九妻，失五十四子」。《列子·力命篇》載：「彭祖之智不出堯舜之上，而壽八百。」清代學者孔廣森注釋說：「彭祖者，彭姓之祖也……大彭歷事虞夏，於商為伯，武丁之世滅之，故日彭祖八百歲，謂彭國八百年而亡，非實籛不死也。」

先秦道家把他奉為導引養生的先驅。《莊子》講：「吹呴（ㄒㄩ）呼吸，吐故納新，熊經鳥申，為壽而已矣；此道引之士，養形之人，彭祖壽考者之所好也。」

中國的飲食和養生連繫得特別緊密，菜餚中不僅放食材，還要放藥材，這一傳統，從彭祖時就奠定了。彭祖是中國第一位烹飪專家，可謂廚師的祖師爺。相傳帝堯時，由於洪水氾濫成災而憂患成疾，數天滴水未進，生命垂危。彭祖根據自己的養生之道，用野雞配上茶籽，做了一道雉羹（野雞湯）。堯遠遠就聞到雞湯的香味，翻身躍起，將雞湯一飲而盡，馬上容光煥發。此後帝堯每日必食此雉羹，雖日理萬機，卻百病不生，一直活到一百一十八歲。就因為這道味道鮮美的雉羹，彭祖被封於大彭。詩人屈原在《楚辭·天問》中寫道：「彭鏗斟雉，帝何饗？受壽永多，夫何久長？」東漢王逸在《楚辭章句》中注釋說：「彭鏗，彭祖也。好和滋味，善斟雉羹，能事帝堯，帝堯美而饗食之。」南宋洪興祖在《楚辭補注》中講：「（彭祖）帝顓頊之玄孫，善養性，能調鼎，進雉羹於堯，堯封於彭城。」雉羹是典籍中記載最早的名饌，被譽為「天下第一羹」，如今仍然是徐州傳統的特色名饌。

舜王天下時，百廢待興，吃粗米飯，喝野菜湯，根本顧不上做雉羹，彭祖雖有精湛的廚藝卻懷才不遇。舜發現後，也對他和垂、夔等人一起進行任命。至於彭祖擔任何職，我們就不得而知了。

「巍巍堯舜主，燁燁賢良輔。」由於舜的知人善任，他

的麾下精英薈萃、人才濟濟並且各有所長，許多都是遠古著名的政治家、思想家、發明家。他們有一個共同的特點，就是擁有敢為天下先的創造力和創新精神，在輔佐舜治理天下時均有重大建樹。北宋詩人鄭獬在《代人上明龍圖》中稱讚說：「夔皋拱列帝舜坐，願補日月歌太平。」這些舜的臣下，雖然沒有主宰乾坤，卻都能指點江山、改天換地、發明萬物，舜時期的太平盛世是他們集體智慧、才能的結晶。

▌神州盡舜堯 —— 政通人和的和諧社會

堯死後，舜正式登上天子位。

隨著大禹治水的成功，舜的統治開始進入天下大治、政通人和的太平盛世。被舜任命的人均敬業盡職，政績卓著。皋陶為士，獄訟清明，天下夜不閉戶，路不拾遺。契為司徒，百姓親和，人懷自勵，風化肅然。棄為后稷，百穀豐登，黎民殷實。伯夷主禮，人們上下禮讓，尊卑有序，敬老愛幼。垂主工師，百業興旺，人人技藝高超。益主山澤，山清水秀，鳥語花香。龍主外交，遠方賓客紛至沓來。當然，禹的功勞最大，「披九山，通九澤，決九河，定九州」，天下諸侯從四面八方前來貢獻。天下所有事物均治理得井井有條，四海之內無不頌揚舜的功德。《尚書·皋陶謨》中記敘了這場驚天動地的人、神、獸共舞的祭祀場面：

　　為了感戴舜帝之功，人們載歌載舞，普天同慶。先王的靈魂來到了，貴賓們也都就位了，諸侯國君都走上禮堂，互相揖讓著坐下來。主持禮樂的夔隆重宣告：「奏起樂來，讓我們縱情歌舞吧！」堂下吹起竹製樂器，敲起大鼓和小鼓，擊起柷以作為演奏的開始。笙和大鐘分別在堂下更換著演奏。頓時，鼓樂齊鳴，悠揚悅耳的簫韶之樂經久不息。舜高興地歌唱道：「謹遵天命，百官勤政，天下振興！」皋陶高歌說：「天子聖明，百官賢能，庶事康寧！」據說，舜的簫韶之樂演奏九遍後，鳳凰成對起舞，舜的功德可謂感天勤地，天降祥瑞。

　　「春風楊柳萬千條，六億神州盡舜堯。」堯舜是中國封建史家津津樂道的仁義道德明君，堯舜時代是幾千年來人們推崇的治世，也是遠古第一個典型的「和諧社會」。

第五章　堯舜吾君民 勛業垂萬年

第六章
皇皇大舜 合堯玄德

第六章　皇皇大舜 合堯玄德

▎堯舜禪讓的傳說

從遠古到明清，中國最高統治權力的轉移經歷了從「天下為公」到「天下為家」、從禪讓制到世襲制兩個階段。

（一）「天下為公」與「天下為家」交接點

《禮記‧禮運》把堯舜禹時期這段歷史敘述為由「天下為公」的「大同社會」向「天下為家」的「小康社會」的過渡時期。原始社會，生產力水準低下，一個人的工作收穫僅夠甚至還不夠自己需求，沒有剩餘產品，所以也沒有剝削，更沒有私有制和階級。隨著生產力的發展，一個人的勞動除供他自己的最低需求外，還略有剩餘。「小康」一詞出自《禮記‧禮運》，小康水準就是略有剩餘的意思。

在氏族、部落首領的繼承上，「大同社會」是把品德高尚、才能出眾的人選拔出來，就像堯選擇了舜、舜選擇了禹一樣，叫做「選賢與能」。「堯舜禪讓」就是這種傳位制度的千古佳話。「小康社會」是父傳子、家天下的世襲制，叫做「大人世及以為禮」。夏啟繼承了父親禹的帝位，建立了夏朝，成為中國世襲制的開端。堯舜禹時期，就處在這兩種制度的轉折點上。

人們津津樂道的「堯舜禪讓」，主要是指堯把自己的帝位禪讓給了舜，舜又把帝位禪讓給了禹。

《史記‧五帝本紀》載：「堯立七十年得舜，二十年而老，令舜攝行天子之政，薦之於天。堯辟位凡二十八年而崩。百姓悲哀，如喪父母。三年，四方莫舉樂，以思堯。堯知子丹朱之不肖，不足授天下，於是乃權授舜。授舜，則天下得其利而丹朱病；授丹朱，則天下病而丹朱得其利。堯曰『終不以天下之病而利一人』，而卒授舜以天下。堯崩，三年之喪畢，舜讓辟丹朱於南河之南。諸侯朝覲者不之丹朱而之舜，獄訟者不之丹朱而之舜，謳歌者不謳歌丹朱而謳歌舜。舜曰『天也』，夫而後之中國踐天子位焉，是為帝舜。」

在舜和不成器的兒子丹朱面前，堯心如明鏡。把帝位傳給舜，天下人就都得到利益而只對丹朱一人不利；傳給丹朱，天下人就會遭殃而只有丹朱一人得到好處。堯深知不能讓天下人遭殃而只讓一人得到好處，最後毅然決然地把天子的位子傳給了舜。這種「天下為公」、以天下為己任的博大情懷，使堯成為萬代敬仰的聖君。

舜晚年，鑒於禹治水的赫赫功績，效法帝堯，舉行祭天大禮，把天子位禪讓給禹。十七年後，舜死，三年治喪結束，禹效法舜，讓舜的兒子商均繼位。商均是女英所生，也是個不肖之子，結果天下諸侯都離開商均去朝覲禹。在諸侯的擁戴下，禹登上了天子之位，國號為「夏后」。他把堯的兒子丹朱封在唐國（在今河北保定唐縣），把舜的兒子商均

第六章 皇皇大舜 合堯玄德

封在虞國（在今河南商丘虞城）。[08]

　　然而，「禪讓」僅僅是《尚書》、《論語》、《孟子》、《史記》的記載，而《竹書紀年》、《韓非子》的記載恰恰相反，不是堯舜禪讓，而是舜逼迫堯、禹逼迫舜交出天子的位子，是篡位。

　　《韓非子‧說疑》載：「舜逼堯，禹逼舜，湯放桀，武王伐紂，此四王者，人臣弒其君者也。」

　　《竹書紀年》載：「舜囚堯，復偃塞丹朱，使不與父相見也。」

　　兩種不同的傳說，恰恰反映了當時正處在「天下為公」與「天下為家」、禪讓制與世襲制的交接點上。

（二）許由「洗耳」與「巢父飲犢」

　　其實，在舜以前，堯曾舉薦過當世高人許由當天子，被他拒絕了。

　　許由，字武仲，陽城槐裡（在今河南登封）人。他為人嚴謹，遵守道義，行為端正，席不正不坐，割不正不食。堯年事已高，準備讓賢，四處尋訪賢人，得知許由的賢名，想把天下讓給許由。

08　西周初年所封的諸侯國中，也有一個姬姓的虞國，在今山西省南部夏縣和平陸縣北一帶，始封君為周太王古公亶父之子仲雍的曾孫虞仲，西元前 655 年被晉國所滅。與商均的虞國無關。

堯對他說：「您的智慧像日月一樣，已經普照萬物，而我這團燭火還不熄滅，豈不是太不自量了嗎？你的德行像春天的甘霖，已經普潤大地，而我卻還要人為去澆灌，豈不是徒勞無益嗎？您只要一當天子，天下大事自然就會順理成章。如今我還占著這個位子，實在慚愧。請允許我把天下讓給你。」

許由推辭說：「您已經把天下治理得很好，我若取代你，不是徒有虛名嗎？就像飛鳥構巢於森林，不過只需一根樹枝；鼴鼠到河裡飲水，也不過只求止渴。您請回吧，天下對我沒有什麼用處。」

許由拒絕的態度越是堅決，堯帝就越是覺得他的人品高尚，道德智慧無人能及，仍然三番五次地前來說服他接受王位。無奈之下，許由只好收拾東西，離開了已無法再隱居下去的沛澤之地，連夜逃往箕山潁水旁，農耕而食，終身無意治理天下。

堯得知許由去處後，又派人請他做九州長。他聽後更是煩惱，匆忙到潁水邊掬水洗耳。這時候，他的好友巢父正牽著一頭小牛到河邊飲水，見許由洗耳，覺得奇怪，上前詢問。許由說：「堯想召我為九州長，我惡聞其聲，所以在洗耳朵呢！」

巢父聽許由一說，馬上用鄙視的語氣說：「你如果隱居在高岸深谷，和人世斷絕往來，誰能知道你？你這是故意遊

141

第六章　皇皇大舜 合堯玄德

蕩在世俗，沽名釣譽！算了吧，別讓你洗耳朵的水汙染了我小牛的嘴。」於是他牽著小牛向上游飲水去了。

在「天下為公」的大同社會，「讓天下」是一時的風尚。

堯讓天下給許由被拒絕後，又讓給子州支父。子州支父拒絕說：「讓我當天子也可以，不過我患病了正在醫治，沒工夫治理天下。」舜又讓天下給善卷，善卷拒絕得相當氣人：「我春播秋穫，日出而作，日入而息，衣食無憂，逍遙自在於天地之間，當天子幹嘛？」舜又讓天下給石戶的一個農民，結果人家捲起鋪蓋，帶著妻子兒女隱居到海島，再也不敢回來。舜又準備讓天下給朋友北人無擇，北人無擇說：「舜居於畎畝卻游於帝堯之門，還要用他恥辱的行為來玷汙我，我羞見於他！」竟然自投入清冷之淵而死。

至於堯、舜為什麼要「讓」天子位，這些高士們又為什麼要「推」天子位，他們究竟是勇於讓賢、淡泊名位，還是貪圖安逸、逃避責任，看了韓非子的高論，或許我們會有一些感悟。

（三）韓非子對「禪讓」的高論

韓非子是戰國時期法家的集大成者，他以犀利的歷史眼光窺測了原始民主時代「王天下」者的義務和責任，對「讓天下」提出了自己獨特而令人信服的見解。

在「天下為公」的氏族民主時代，「王天下」者是社會的公僕，而不是社會的主人，他們只有義務、責任、辛勞，沒有特權，什麼都得身先士卒。據《韓非子‧五蠹》說，堯「王天下」的時候，住的是茅草屋，蓋屋的茅草來不及修剪，架屋的椽子來不及砍削；吃的是粗米飯，喝的是野菜湯；冬天披塊小獸皮，夏天穿粗布衣服，就是現在（戰國時期）看門人的生活也不比這差。禹「王天下」的時候，已經是氏族民主時代的末期，禹已經具備國王的權威。禹曾要求諸侯於會稽進行朝會，因防風氏之君遲到，就把他殺掉了。即便如此，禹治水時，仍要親自拿著農具帶領人們工作，累得大腿的肉減少了，小腿上的汗毛都磨光了，渾身黑瘦，即使現在（戰國時期）奴隸的勞動也不比這更苦。從這方面講，遠古「讓天子」者是「去監門之養而離臣虜之勞」，所以不足以稱讚這一舉動。

韓非子認為，遠古之所以「讓」，之所以「推」，是因為當天子、當官沒有好處，只有辛勞和艱苦。由此可以看出，舜勇敢地站出來代替堯攝政，承擔治理天下的任務，是多麼的崇高偉大。

而到後來，當天子、當官有好處了，有功名利祿了，就不「讓」了，而是「爭」了，甚至不惜父子兄弟骨肉相殘，以篡奪帝位。

第六章　皇皇大舜 合堯玄德

（四）〈卿雲歌〉與濟南千佛山的卿雲軒

　　據《竹書紀年》、《尚書大傳》記載，舜在位第十四年，行祭祀禮，鐘石笙箜變聲。音樂奏到中途，狂風大作，天降大雷雨。舜低首而笑著說：「天意已明，天下非一人之天下也，鐘石音樂就是徵兆！」在這裡，鐘石變聲，暗示著虞舜遜讓；卿雲呈祥，明兆著大禹受禪。於是，功成身退的舜和掌管四方諸侯的「八伯」，與天下俊才一起高唱〈卿雲歌〉，把天下禪讓給禹。「八伯」，據《大戴禮記·五帝德》記載，是禹、后稷、羲和、益、伯夷、夔、皋陶、契等八大臣。

　　〈卿雲歌〉是遠古天下為公的讚歌，它描繪了一幅政通人和的太平盛世，表達了上古先民對聖人治國的崇尚，對舜功成身退的美德的讚揚。它是舜同「八伯」、群臣、俊才互賀的唱和之作。全詩三章，由舜帝首唱、「八伯」相和、舜帝續歌三部分構成。

　　舜首唱曰：

　　卿雲爛兮，糺（ㄐㄧㄡ）縵縵兮。
　　日月光華，旦復旦兮。

　　大意是：卿雲燦爛如霞，瑞氣繚繞呈祥。日月光華照耀，輝煌而又輝煌。

「八伯」相和曰：

明明上天，爛然星陳。
日月光華，弘於一人。

大意是：上天至明至尊，燦爛遍布星辰。日月光華照耀，嘉祥降於聖人。

舜續和曰：

日月有常，星辰有行。
四時從經，萬姓允誠。
與予論樂，配天之靈。
遷於聖賢，莫不咸聽。
鼚（ㄔㄤ）乎鼓之，軒乎舞之。
菁華已竭，褰（ㄑㄧㄢ）裳去之。

大意是：日月依序交替，星辰循軌運行。四季變化有常，萬民恭敬誠信。鼓樂鏗鏘和諧，祝禱上蒼神靈。帝位禪於賢聖，普天莫不歡欣。鼓聲鼚鼚動聽，舞姿翩翩輕盈。精力才華已竭，便當撩衣退隱。

這首歌充滿了奇異神話色彩，君臣互唱，場面熱烈，輝映千古。尤其是舜，沒有絲毫退位的失落、沮喪，始終正向、信心百倍，表現了一代聖君崇高而偉大的精神境界。

〈卿雲歌〉在民國初年曾被改編並重新譜曲，定為第一版的中華民國國歌。

第六章　皇皇大舜 合堯玄德

　　濟南千佛山的卿雲軒位於山東側南北坡的交界處，是一座明清歇山式仿古建築。飛簷翹角，雕樑畫棟，坊間以自然山水為主題的彩繪顯得清雅脫俗，與周邊環境渾然一體，相得益彰。軒內有「舜帝撫琴」的石雕像，旁有侍者一手執觴，一首端杯，以備舜口渴時飲水。舜方冠長髯，衣著樸素，與舜祠內冕旒執圭的帝王形象迥異，應是禪讓之後的一介平民的打扮。

濟南千佛山東麓的卿雲軒

▎斑竹一枝千滴淚 —— 舜之死

舜晚年，按照天子五年一巡守的制度，在到南方巡守之前，做了兩件事。一是剛即位那年，回家探望了父親瞽叟，以及母親和弟弟象。那年，舜六十一歲。二是舉薦禹為自己的繼承人，並祭告上天，讓禹攝政。那年，舜八十三歲。

大概是五十歲攝政後，舜便離開歷山、雷澤、河濱、壽丘、負夏等生活、生產的東夷之地，進駐都城蒲坂（在今山西永濟西）。唐代李泰《括地志‧蒲州‧河東縣》載：「河東縣南二里故蒲坂城，舜所都也。城中有舜廟，城外有舜井及二妃壇。」《史記‧五帝本紀》裴駰集解講：「皇甫謐曰：『舜所都，或言蒲坂，或言平陽（在今山西臨汾西南），或言潘（在今河北涿鹿西南）。』」在當時氏族民主制度下，舜不可能像後來的帝王一樣在京城享樂，仍然要到處奔波。舜的都城有多種傳說，也符合他居無定所的事實。

舜受命於危難之際，天下事千頭萬緒，百廢待興，他無暇顧家，這還是他第一次回家探親。

從舜耕歷山，家中有土地、倉廩、牛羊，自己掘井來看，舜走後，父親瞽叟和弟弟象應該是住在歷山附近。舜回家探親，也應該是回今天的濟南歷下。

這次舜回家探親，今非昔比，可稱得上是前呼後擁、浩浩蕩蕩而來。但見到父親瞽叟，舜仍然像從前那樣恭敬，和

第六章　皇皇大舜 合堯玄德

氣地遵守當兒子的禮節，並沒絲毫天子的架子。瞽叟和象為過去的罪惡而捏了一把汗，他們哪裡知道，舜是胸懷天下的聖君，豈能像他們那樣小肚雞腸？劉向《列女傳‧母儀傳‧有虞二妃》載：「舜既嗣位，升為天子，娥皇為后，女英為妃；封象於有庫（ㄅㄧˋ），事瞽叟猶若初焉。」舜不僅對父親恭敬有加，還把弟弟象封為諸侯，封地在有庫，也稱有鼻，在今湖南省道縣北，相傳當地有鼻墟、鼻亭和象祠。象曾千方百計地謀害舜，舜卻封他為諸侯，後人對此憤憤不平。孟子就說：「象至不仁，封之有庫。」《漢書‧鄒陽傳》也載：「昔者，舜之弟象日以殺舜為事，及舜立為天子，封之於有卑（即庫）。」孟子解釋說：「仁人之於弟也，不藏怒焉，不宿怨焉，親愛之而已矣。親之，欲其貴也；愛之，欲其富也。封之有庫，富貴之也。身為天子，弟為匹夫，可謂親愛之乎？」（《孟子‧萬章上》）難怪司馬遷說「天下明德，皆自舜帝始」，在這裡，舜又給後人建立了兄弟親愛、以德報怨的典範。

　　做完這兩件事，等於是安排了後事，從此，舜了無牽掛，登上了南巡的征程。走到蒼梧之野，由於多年勤勞國事，舜不幸積勞成疾而逝世，人們把他安葬在零陵的九嶷山（又名蒼梧山，在今湖南省南部永州市寧遠縣境內）。這就是《史記‧五帝本紀》記載的「（舜）南巡狩，崩於蒼梧之野。

葬於江南九疑，是為零陵」。由此可知，零陵的本意就是舜陵。據《述異志》載，當地人懷念舜，為他立祠，叫做「望陵祠」。

關於舜南巡而死，還有「南征三苗」而死的說法。

《淮南子·修務訓》有舜「南征三苗，道死蒼梧」的記載。《帝王世紀》也載：「舜薦禹於天，使禹攝政。有苗氏叛，南征，崩於鳴條，殯以瓦棺，葬於蒼梧九疑山之陽，是為零陵。」這就是說，舜帝在將政權移交給大禹以後，因南方的三苗發生叛亂，於是帶領軍隊前往討伐，在鳴條這個地方去世，用陶棺盛殮，葬在蒼梧九嶷山的南坡。《史記·五帝本紀》裴駰集解引《山海經》曰：「蒼梧山，帝舜葬於陽，丹朱葬於陰。」

《史記·五帝本紀》講：「舜年二十以孝聞，年三十堯舉之，年五十攝行天子事，年五十八堯崩，年六十一代堯踐帝位。踐帝位三十九年，南巡狩，崩於蒼梧之野。葬於江南九疑，是為零陵。」照此說法，舜恰好一百歲。

舜南巡時，娥皇、女英並沒隨行，噩耗傳來，娥皇、女英急急忙忙動身南行，千里尋夫不見，站在湘江邊上，望著九嶷山悲痛欲絕、淚如湧泉。她們的眼淚揮灑在竹子上，竹子便掛上斑斑的淚痕，變成了「斑竹」，又稱作「湘妃竹」。西晉張華《博物志·史補》載：「洞庭之山，堯之二

第六章　皇皇大舜 合堯玄德

女，舜之二妃居之，曰湘夫人。舜崩，二妃啼，以涕揮竹，竹盡斑。」哭祭夫君之後，娥皇、女英痛不欲生，雙雙跳入波濤滾滾的湘江。據說，二女化為湘江女神，人稱湘君、湘妃或湘夫人。

娥皇、女英死後，不知什麼原因，沒能與舜合葬，所以《史記·五帝本紀》裴駰集解引《禮記》曰：「舜葬蒼梧，二妃不從。」人們把她倆安葬在君山東麓山腳下，稱作「二妃墓」，又名「湘妃墓」。君山又名洞庭山，位於湖南省岳陽市西南的洞庭湖中。現在的二妃墓為一九七九年重修，墓前立石柱，中豎「虞帝二妃之墓」石碑，兩旁也立有石碑，上刻歷代文人墨客讚嘆君山的詩詞和二妃畫像。墓周圍長滿斑竹，據傳為二妃攀竹痛哭，眼淚灑在竹上而成。唐代詩人高駢寫詩〈湘妃廟〉詠道：

> 帝舜南巡去不還，二妃幽怨雲水間。
> 當時珠淚垂多少，直到如今竹尚斑。

戰國時期的詩人屈原在《楚辭·九歌》中描寫二妃說：「帝子降兮北渚，目眇眇兮愁予。裊裊兮秋風，洞庭波兮木葉下。」意思是：二妃降臨洞庭湖北岸的小洲，遠尋湘君身影，望眼欲穿，悲痛憂傷。涼爽的秋風陣陣吹來，洞庭湖波濤湧起，樹葉紛紛飄落。

第七章
活躍在濟南周圍的虞舜
後裔

第七章　活躍在濟南周圍的虞舜後裔

往事越千年，蕭瑟秋風今又是，換了人間。從夏朝建立開始，正式進入「天下為家」的「家天下」時代。隨後，契的後裔商湯取代夏桀建立了商朝，后稷的後裔周武王取代紂王建立周朝，伯益的後裔秦王嬴政建立了大一統的秦朝，帝堯的後裔劉邦建立了漢朝，他們一朝又一朝地完成了自己的興衰沉浮。表面上溫情脈脈的禪讓制已成為歷史的美好記憶，朝代的更替則充滿了血腥和暴力、弒殺和篡奪。活躍在濟南周圍的虞舜後裔們也在「與時俱進」，引領時代風騷。

▌田氏代齊，回歸濟南

舜死後，兒子商均被封在虞國，但到了夏商時期已是時過境遷。據《史記·陳杞世家》記載，夏朝時虞國時有時無。司馬貞在《史記索隱》中講到，夏朝曾封虞思、虞遂為虞國國君。商周之際，虞遂的後裔遏父，仍然繼承著先祖舜的製陶技藝，擔任周朝的陶正一職，負責陶器製作。周武王推翻紂王的殘暴統治後，尋找舜的後代，找到了遏父的兒子媯滿，把他封到陳國，以此來延續舜的祭祀，並把長女大姬許給他為妻，這就是陳國胡公。

西周初年的陳國，都城在胡襄城（今河南省柘城縣胡襄鎮），後遷都宛丘（今河南省淮揚縣）。西元前六七二年，陳厲公之子公子完逃到齊國，齊桓公封他為工正，負責管理

齊國的手工業。公子完到齊國以後，把陳字改為田氏，從此田氏在齊國立足。

建立齊國的是舜的臣下伯夷的後代太公望姜尚。《史記·田敬仲完世家》稱：「姜姓，四岳之後。」齊國的都城在今濟南東面的臨淄。當時濟南稱歷下，屬於以城子崖古城為都城的譚國，譚國是西周至春秋時期的諸侯國。齊國發生內亂，公子小白欲到譚國避難，譚國國君不予接待。後來公子小白回國即位，是為齊桓公，譚國也沒派人祝賀。齊桓公大怒，於西元前六八四年滅掉了譚國，才有了今天的濟南。所以，公子完從陳國跑到齊國，也算是舜的後裔向濟南的回歸了。

在《史記·陳杞世家》中，司馬遷把包括舜的後代在內的情況做了追述：舜之後封在陳國；禹之後建立夏朝，夏滅，封在杞國；契之後建立了商朝，商滅，封在宋國；后稷之後建立周朝，被秦昭王所滅；皋陶之後封在英、六二國；伯夷之後封在齊國；伯翳之後封在秦國。最後，司馬遷說：「垂、益、夔、龍，其後不知所封，不見也。右十一人者，皆唐虞之際名有功德臣也；其五人之後皆至帝王，余乃為顯諸侯。」

西周的建立者是后稷的後代周武王，他所在的姬姓部落和伯夷的後代姜姓部落是世代通婚的部落聯盟。姜太公到齊

第七章　活躍在濟南周圍的虞舜後裔

國後，「因其俗，簡其禮，通工商之業，便魚鹽之利」，使齊國很快成為東方強國，他也因此獲得代周天子出師征伐的特權。到齊桓公時，「九合諸侯，一匡天下」，成為盛極一時的霸主。

從齊桓公任命公子完為工正來看，公子完繼承了先祖重技藝的傳統，精通各種手工業技藝。這正與齊國重工商的國情相吻合，所以田氏在齊國迅速強大起來。

公子完的五世孫田桓子侍奉齊莊公，非常得寵，聯合鮑氏驅逐執政的欒氏、高氏，對遭受欒氏、高氏排斥的貴族「反其邑」、「益其祿」，對貧窮孤寡者「私與之粟」，於是田氏開始獲得民眾和貴族的支持。

公子完的六世孫田乞做上了齊國的大夫，在徵收百姓的賦稅時用大斗貸出、小斗收進的方法爭取民眾，又與鮑氏等貴族聯合打敗執政的國氏、高氏，擁立了齊悼公。齊悼公繼位後，田乞擔任國相，掌握了齊國政權。

齊簡公時，田乞的兒子田常（又稱田成子）與監止（又稱闞止）任左右相。為了專權，田常再次使用父親田乞大斗貸出、小斗收進的辦法爭取民眾，結果民「歸之如流水」。齊人歌頌說「嫗乎采芑，歸乎田成子」，意思是，連采芑菜的老太太都歸附了田成子。西元前四八一年，田成子發動政變，殺死了監止和齊簡公，擁立齊簡公的弟弟齊平公。之

後，田成子獨攬齊國大權，把鮑氏、晏氏等家族全殺光了。田成子的封邑，比齊平公直轄的地區還大得多。

到田常的曾孫田和時，他將齊康公放逐到海上，只留一城之地作為他的食邑。西元前三八六年，周天子正式冊封田和為諸侯。後來齊康公病逝，姜氏從此斷了祭祀，齊國全部為田氏所統治，仍然沿用齊國的國號，只是姜氏之齊變成了田氏之齊了。

就這樣，從公子完開始，經過十代人近二百年的時間，田氏由一個走投無路的政治避難者登上泱泱大國的諸侯之位。

在「天下為公」的氏族民主時代，舜的「禪讓」引領了時代新潮流；在「天下為家」的階級社會，舜的後代又引領了角逐權位利祿的時代新潮流。

田氏的齊國建立後，幾乎取得了與姜太公、齊桓公的姜氏之齊並駕齊驅的輝煌。齊威王時，齊國大治，威震天下，一舉成為戰國七雄之冠，以至於後來齊閔王與秦昭王互為「東西二帝」。齊國的手工業，贏得了「冠帶衣履天下」的美譽。齊國稷下學宮歷時百餘年而經久不衰，掀起了當時思想界的一大波瀾，形成了空前繁榮的百家爭鳴局面。長期從事工商業形成的競爭、進取意識，使得田氏在軍事上名將輩出，司馬穰苴、孫武、田嬰、田忌、田文（孟嘗君）、孫

第七章　活躍在濟南周圍的虞舜後裔

臏、田單等田氏子孫，均在割據紛爭的時代創造了顯赫的軍事奇蹟，尤其是孫武的《孫子兵法》，至今仍為全世界所推崇。

田氏之齊的最後一個國君是齊王建，西元前二二一年被秦國滅亡。

▍秦末田氏在濟南周圍的復國活動

秦漢之際，舜的後裔再露崢嶸。

秦始皇統一六國，建立了大一統的秦王朝。由於實行了全面的暴政，秦朝成了二世而亡的短命王朝。西元前二〇九年，陳勝、吳廣揭竿而起，天下雲集響應，六國貴族為了恢復故國紛紛起兵。齊國的田氏子孫也積極投入到這場復國戰爭當中來了，他們的復國活動基本在濟南周圍一帶展開。

齊國滅亡後，齊國田氏宗族的一支田儋帶著堂弟田榮、田橫居住在濟南東北的狄縣（今山東省淄博市高青縣東南）。這支田氏在當地實力雄厚，很得人心。陳勝的起義軍在周市的帶領下很快打了過來。田儋當機立斷，組織了一批少年壯士，綁著一個家奴，說要拜見縣令，聲稱要在拜見縣令之後殺死有罪的家奴。剛見到縣令，田儋一聲令下，就將縣令殺死了，然後召集有勢力的官吏和年輕人說：「現在天下諸侯都反秦自立，齊地是古代封建的諸侯國，而我田儋，是齊王田氏的同族，應當為王！」於是，田儋自立為齊王，

並且發兵擊退了周市。周市的部隊撤走以後，田儋乘機帶兵東進，奪取並平定了齊國故地。

不久，秦將章邯帶兵在臨濟（今河南省封丘縣東）圍攻魏王咎。情況緊急，魏王派人到齊國來求救。齊王田儋率兵救援，不幸兵敗，被殺死於臨濟城下。堂弟田榮帶領餘部向東逃到了東阿。齊人聽說田儋戰死的消息後，就擁立已故齊王建的弟弟田假為齊王，田角為丞相，田間為大將，以此來抗拒諸侯。

田榮得知齊人立田假為齊王一事後非常氣憤，於是帶兵回去，攻擊追逐齊王田假。田假不堪一擊，逃到楚國，田角、田間逃到趙國。田榮又立田儋的兒子田市為齊王，自己為丞相，田橫為大將，收復了齊地。

陳勝起義失敗後，楚國貴族項梁、項羽成為起義軍的主力。項梁想聯合趙國、齊國共同抗擊秦將章邯。田榮說：「只有楚國殺死田假，趙國殺死田角、田間，我們才肯出兵。」結果楚國、趙國沒有答應，齊國也沒有出兵。這樣一來，章邯就有了可乘之機，他不但打敗並殺死了項梁，而且渡過黃河把趙國團團圍住，致使天下反秦的形勢急轉直下。項梁的姪子項羽因此對田榮懷恨在心。

後來，項羽北上救趙，破釜沉舟，打敗章邯，並乘勝攻進秦朝都城咸陽。在咸陽，項羽自稱西楚霸王，然後又分封

第七章　活躍在濟南周圍的虞舜後裔

諸侯王。齊國將領田都本是田儋、田榮兄弟的副將，後跟隨項羽北上救趙，又跟隨他入函谷關滅秦，所以被封為齊王，都城在臨淄（今山東省淄博市的臨淄城北）。項羽把齊王田市改封為膠東王，都城在即墨（今青島市平度東南）。在項羽渡河救趙時，齊王建之孫田安攻下多座濟北城池，並帶兵投奔了項羽，被封為濟北王，都城在博陽（今山東省泰安市西南）。項羽封的齊王田都、膠東王田市、濟北王田安，被稱作「三齊」。當時，政令都由項羽頒布，封完之後，項羽就回到楚國都城彭城，所封諸侯也都回到自己的封國。

田榮因違抗項梁之意，未出兵援助楚國，也沒跟隨入關滅秦，因此未被封王。於是，田榮發兵阻擊項羽封的齊王田都，田都逃到楚國。田市被封為膠東王，田榮也不準他去膠東。田市手下的人說：「項羽強大而凶暴，而您作為齊王，應該到自己的封國膠東去，若是不去的話，一定有危險。」田市非常害怕，於是就逃跑去膠東。田榮得知後勃然大怒，急忙帶人追趕田市，在即墨把他殺死了，回來又攻打濟北王田安，並且把他殺死。於是，田榮就自立為齊王，占有了三齊之地。

項羽聽說田榮在齊地搗亂，迅速率兵北伐田榮。田榮哪是所向無敵的項羽的對手，剛一交戰，就被項羽打得潰不成軍，慌忙逃到濟南北面的平原，最後被平原人所殺。

　　項羽雖然驍勇善戰，但軍紀敗壞。一進入齊地，項羽就燒了齊國都城的城郭，所過之處大加屠戮，齊國人無法忍受，紛紛聚集起來反抗。田榮的弟弟田橫，招募起齊國的散兵，很快聚集起數萬人，反過頭來在城陽攻打項羽。恰在這時，漢王劉邦率軍攻入楚都彭城，項羽只好捨棄齊地，回去救彭城。於是，田橫收復齊地城邑，擁立田榮的兒子田廣為齊王，自己為丞相輔佐他，並專斷國政，所有政事，無論大小，皆由田橫決定。這段時間，齊國漸漸趨於安定、強盛，是田橫政績最佳的一段時間。

　　三年後，劉邦派酈食其到齊國遊說，要他們歸順漢朝。田橫答應了，解除了齊國在濟南歷下對漢軍的防禦。

　　齊國起初曾派華無傷、田解帶領軍隊駐守濟南歷下以抗拒漢軍，等到漢使者到來，就廢棄了守城的戰備。漢將韓信平定了趙國、燕國之後，本來帶兵要向東攻打齊國，聽說齊國已被酈食其遊說歸附，本想駐兵不前，辯士蒯（ㄎㄨㄞˇ）通說：「將軍奉詔擊齊，有詔書讓您停戰嗎？更何況，酈生僅憑三寸不爛之舌就拿下齊國七十餘座城池，將軍率領數萬大軍，一年才攻下趙國五十餘座城池，做了幾年將軍，反而比不上一個讀書小子的功勞嗎？」於是，韓信輕信蒯通之言，進攻齊國在濟南歷下的守軍，揮師攻入臨淄。齊王田廣、丞相田橫見漢軍突然出現，非常生氣，認為自己被酈食

第七章　活躍在濟南周圍的虞舜後裔

其出賣了，立刻烹殺了酈食其。齊王田廣逃到高密，丞相田橫、守相田光、將軍田既也都四散奔逃。後來，田廣在逃亡中被殺，田橫聽到這個消息，就自立為齊王，但僅僅是在一敗再敗中苦苦支撐而已。

徐悲鴻創作的〈田橫五百士〉歷史題材油畫

　　劉邦消滅了項羽，統一了全國，自立為皇帝，於西元前二〇二年建立漢朝。田橫害怕被殺，就帶領他的部下五百多人逃入海中的一個小島上（今青島即墨的田橫島）。劉邦聽說後，認為田橫兄弟平定了齊國，齊國的賢士大都依附於他，如果讓他流落在海中而不加以收攬的話，以後恐怕難免有禍患，因此就派使者赦免田橫的罪過並且召他入朝。田橫自然能看穿劉邦的企圖，他不願被劉邦軟禁在朝中，辭謝

160

說：「我曾經烹殺了陛下的使者酈食其，聽說他的弟弟酈商是一個很有才能的將領，所以我恐懼不已，不敢奉詔進京。請允許我做一個平民百姓，看守海島。」使者回來報告，劉邦自然也不相信田橫真能老老實實地看守海島，立刻下詔給衛尉酈商說：「齊王田橫將要到京，誰要敢動田橫和他的隨從者，立刻滿門抄斬！」接著又派使者把下詔指示酈商的情況原原本本地告知田橫，並且說：「田橫若是來京，最大可以封為王，最小也可以封為侯；若是不來的話，將派軍隊加以誅滅。」顯然，這是最後通牒。田橫無奈，為了保全五百多名部下，帶著兩個門客乘坐驛站的馬車前往洛陽。

走到離洛陽三十里遠的一個叫尸鄉（今河南省偃師縣城西）的地方，田橫對他的門客說：「想當初我田橫和漢王一樣稱王，而現在漢王為天子，而我田橫卻以一個亡國俘虜的身分去侍奉他，這本來就是莫大的恥辱。更何況我烹殺了酈商的兄長，再與他並肩侍奉同一個主人，縱使他害怕皇帝的詔命，不敢動我，我難道就無愧於心嗎？皇帝召我來京，不過是想見一下我的面貌。如今皇帝就在洛陽，現在割下我的頭顱，快馬飛奔三十里，我的容貌還不會改變，就拿去讓皇帝看吧！」說完之後，田橫就自刎了。兩個門客手捧他的頭，跟隨使者飛馳入朝，奏知劉邦。劉邦傷感落淚，感嘆道：「田橫從平民百姓起家，兄弟三人接連為王，難道不是

第七章　活躍在濟南周圍的虞舜後裔

賢能的人嗎？」隨後，劉邦任命田橫的兩位門客為都尉，並且派兩千名士兵，用諸侯王的喪禮安葬了田橫。

沒想到葬禮一結束，田橫的兩位門客就在田橫墓旁挖了兩個洞穴，然後自殺在裡面，為田橫殉葬了。劉邦聽說此事後，大為吃驚，認為田橫的門客都非等閒之輩，想起島上還有五百人，立刻派人前往徵召。讓劉邦更為震驚的是，那五百人聽到田橫的死訊，也都自殺了。其守義不辱、視死如歸、慷慨壯觀的場面和行為，震驚了當時和後來的人們，那個海島，因此被命名為「田橫島」。

東漢史學家班固在《漢書‧魏豹田儋韓（王）信傳》中講：「周室既壞，至春秋末，諸侯耗盡，而炎黃唐虞之苗裔尚猶頗有存者。秦滅六國，而上古遺烈掃地盡矣。楚漢之際，豪杰相王，唯魏豹、韓信、田儋兄弟為舊國之後，然皆及身而絕。橫之志節，賓客慕義，猶不能自立，豈非天虖！」

北宋大文豪蘇軾把被劉邦誅殺的齊王韓信和齊王田橫做對比，感慨說：「與其受韓信之誅，豈若死田橫之節也哉。」

清代史學家陳廷敬〈詠漢事六首其六〉讚頌田橫說：

田橫能得士，高義陵千秋。
橫來大者王，橫來小者侯。
慷慨五百人，不與韓彭儔。

富貴苟不樂，沈殞遂所求。

至今滄海上，天風激清流。

東平陵王家的王政君

項羽分封的三個齊王中，齊王建之孫、濟北王田安被田
榮殺死後，濟南一帶稱他的子孫為「王家」，因此，他們以
「王」為氏，在濟南東平陵居住下來。東平陵城遺址在今濟
南市章丘區龍山街道閻家村北，城牆的輪廓至今影影綽綽可
以觀察到，這是最早的濟南郡（國）的治所。

史冊上最早出現的濟南的名稱為「濼」，《左傳·桓公
十八年》載：「公會齊侯於濼。」即魯桓公和齊襄公相會於
濟南的突泉。當時濟南是齊國的濼邑，因在歷山之下，故稱
「歷下」，漢代稱「歷城」。因地處古濟水之南而命名的「濟
南」始於西漢。漢朝正式建立後，長庶子劉肥被封為齊王，
齊國擁有膠東、膠西、臨淄、濟北、博陽、城陽、琅琊七郡
七十三縣，當時尚無濟南郡。《史記·齊悼惠王世家》載，
呂后元年（西元前一八七年）稱制，「立其兄子酈侯呂臺為
呂王，割齊之濟南郡為呂王奉邑」，這應是濟南作為地名出
現的最早記錄。

齊國七郡中開始有博陽無濟南，到文帝十六年（西元前
一六四年），齊國七郡有濟南無博陽，可知濟南郡即為博陽

第七章　活躍在濟南周圍的虞舜後裔

所改而來。當時的博陽郡治在濟水之南的東平陵，改為濟南郡後，郡治仍在東平陵。

漢代因京師右扶風（在今陝西省西安市西北）有一平陵縣，是西漢昭帝劉弗陵的皇陵，故在濟南郡（國）設平陵縣，稱作東平陵縣。兩漢時，濟南作為諸侯王的封地叫濟南國，作為中央直轄行政區劃時叫濟南郡，均以東平陵為治所。

東平陵城是兩漢、三國和西晉時的著名城市，當時的政治、經濟、文化中心。西晉伏琛的《三齊略記》記載，東平陵縣是商朝帝乙的都城。元朝人於欽的《齊乘》反對此說法，認為「契至湯八遷，自湯至盤庚五遷，並無都齊者」。據《水經注》記載，東平陵周圍有三座廢棄的故城，也有三座與故城同名的新建城邑，比如有平陵城，還另有「東平陵縣故城」，即便這座城不是商朝帝乙所建，也是歷盡滄桑的先秦故城。

西晉永嘉年間（西元三〇七至三一二年），濟南郡（國）的治所遷到歷城。當然，無論是歷城，還是東平陵，都在濟南的管轄範圍內。

漢文帝、漢景帝時，田安之孫王遂在濟南東平陵定居下來。王遂的玄孫王莽建立新朝，追封王遂為「伯王」，在濟南東平陵為他修建了陵園和廟宇。

　　王遂的兒子王賀，在漢武帝時任繡衣御史。當時，酷吏橫行，其他州的御史對郡守、縣令和一般百姓的糾舉十分嚴苛，官員與民眾稍有不慎，就會遭到株連，被誅殺的達上萬人。王賀到魏郡督捕盜賊，對群盜黨羽以及膽小怯懦停滯不前應當治罪的官吏，一概放縱不問，因而以不稱職被免官。事後，王賀感嘆說：「我聽說救活一千人，子孫便能得到封賞，我救活的有一萬多人，難道是後代將要興旺了嗎？」王賀罷官後回到家鄉濟南東平陵，因與當地終氏是仇家，又遷到魏郡元城（今河北省邯鄲市大名縣東）委粟裡安家。

　　王賀的兒子是王禁，妻妾成群，生下八男四女，長子王鳳、次子王曼、三子王譚、四子王崇、五子王商、六子王立、七子王根、八子王逢時，長女君俠、次女政君、三女君力、四女君弟。這些人後來皆成顯貴，王莽的新朝就借助他們而誕生。事情還得從王禁的次女王政君說起。

　　據《漢書‧元後傳》載，王禁的妻子李氏「夢月入其懷」而生下王政君。王政君長大後，剛許嫁一戶人家，男方就死了。說來也奇怪，後來東平王聘娶王政君為姬妾，她還沒進王宮，東平王也死了。王禁覺得奇怪，就請術士給王政君相面，都說：「當大貴，不可言。」於是，王禁讓她讀書、學鼓琴，十八歲時將她獻入宮中。

　　王政君入宮後，以匪夷所思的好運在爭寵奪嫡的漢宮中

第七章　活躍在濟南周圍的虞舜後裔

連克各種難題，得幸於太子劉奭而有孕。據說，太子後宮的嬪妾有幾十人，奉侍太子時間長的有七八年，就是沒有懷孕的，而王政君則剛一得寵便有了身孕。漢宣帝甘露三年（西元前五十一年），王政君生下了劉驁，漢宣帝喜不自勝，親自給這位皇孫起名叫驁，字太孫。三年後，漢宣帝去世，太子劉奭即位，即漢元帝，劉驁被立為太子。王政君先是被立為婕妤，三日後被立為皇后。漢元帝死後，太子劉驁繼位，他就是漢成帝。王政君被尊為皇太后。漢成帝死後，哀帝、平帝、孺子嬰相繼即位，王政君均為太皇太后。王莽建立新朝，又尊她為「新室文母太皇太后」。從西元前四十九年當皇后起，到西元十三年去世，王政君的皇后、皇太后、太皇太后生涯長達六十二年，終年八十四歲，是中國歷史上壽命最長的皇后之一。

一人得道，雞犬升天，自王政君當上皇后，王家的好運來了。漢元帝封王禁為陽平侯，王禁死後由長子王鳳繼承侯爵；封王禁的弟弟王弘為長樂衛尉。到了漢成帝，又任命王鳳為大司馬大將軍領尚書事，加封五千戶封邑。西漢自漢武帝拜霍光為大司馬大將軍託孤輔政以來，大司馬大將軍就成了一人之下萬人之上的朝廷首輔大臣，一般都兼領尚書政務，掌握軍政實權。王氏外戚專權得勢，就是從王鳳開始的。因王政君和王鳳、王崇是一母同胞，王崇被封為安成

侯，食邑有一萬戶。王鳳的其他弟弟都封為比侯爵低一級的
關內侯，都有食邑。

不幾年工夫，漢成帝又封王譚為平阿侯，王商為成都
侯，王立為紅陽侯，王根為曲陽侯，王逢時為高平侯，五個
人在同一天封侯，因此人們稱他們為「五侯」。王政君的兄
弟中，只有王曼很早就去世了，其餘的都封了侯。王政君的
親生母親李氏在政君入宮前改嫁給苟氏，生了一個兒子名叫
苟參，後來也做了侍中、水衡都尉。其他王氏子弟也當上卿
大夫、侍中等一類的官，分別占據了各個要害部門，遍布
朝廷。

大將軍王鳳掌握大權，成帝凡事謙讓，不敢自行其是。
有人向成帝推薦了劉歆，說他博學多才，成帝召見並考察了
劉歆，認為確實人才難得，想封他為中常侍，衣冠都取來
了，左右都提醒說：「不知大將軍是否同意？」成帝不在乎
地說：「這件小事，還需要問大將軍嗎？」左右叩頭堅持詢
問大將軍的意見。成帝只好去問王鳳，王鳳果然不同意，劉
歆的中常侍一職也就泡湯了。

王氏子弟官滿朝廷，王鳳當權，引起了成帝的不平和朝
中官員的不滿。京兆尹王章剛直敢言，首先發難，藉口天變
和災異上書成帝，二人密謀撤銷王鳳大將軍的職務。可王鳳
的耳目早已布滿朝廷，王鳳的堂弟王音，在成帝身邊任侍

第七章　活躍在濟南周圍的虞舜後裔

中，每次王章被召見時，成帝都屏退左右，只有侍中王音在場。王音聽到密議，馬上透露給了王鳳。王鳳以病相威脅，上書要求退休。太后王政君當然心疼自己的兄弟，於是給自己的皇帝兒子施加壓力。在舅舅和母親的雙重壓力下，成帝妥協了，好言勸慰王鳳，並指派尚書彈劾王章，把王章殺死在獄中。

從此，大臣們見到王鳳都不敢直視，郡國的地方官員都是他的親信，劉氏的天下幾乎變成了王氏的天下。五侯競相揮霍浪費，有恃無恐，大修府第。成都侯王商生了病，竟然借成帝的光明宮避暑，後來又挖開長安城，引澧水進城來灌注自家的大池以行船。曲陽侯王根園中的土山漸臺類似皇宮中的白虎殿。紅陽侯王立父子窩藏亡命之徒，成帝勃然大怒，但礙於太后母親的面子，也只能虛張聲勢了一陣子，然後就沒有下文了。

王政君的兄弟王曼因早死沒有封侯，留下一個兒子王莽，王政君常常在成帝面前提及他，平阿侯王譚、成都侯王商和一些做官的人也都稱讚王莽。不久，成帝下詔追封王曼為新都哀侯，由兒子王莽繼承爵位，為新都侯。很快，王莽由侍中、騎都尉、光祿大夫升任大司馬。

成帝死後，定陶王劉康的兒子劉欣入繼大統，是為漢哀帝。哀帝的祖母是漢元帝的傅昭儀，母親是定陶王的丁姬。

王政君見形勢對王氏不利，馬上下詔讓王莽離開朝廷，退回
自己的封地。哀帝時，王氏的勢力在傅、丁兩家外戚的掣肘
下有所收縮，隱退的隱退，免官的免官，反倒引起了社會的
同情。

　　漢哀帝在位七年就去世了，沒有兒子，太皇太后王政君
在他去世的當日駕臨皇宮收取了天子玉璽，派遣使者從封國
召回了王莽。由此，朝廷所有派遣軍隊的符節憑證，文武百
官向皇上陳述朝事，內宮太監和皇帝的親兵都歸王莽掌管。
接著，王莽被任命為大司馬輔政，太皇太后臨朝稱制，徵年
僅九歲、體弱多病的中山王劉衎（ㄎㄢ ˋ）入朝繼位，是為
漢平帝。至此，王莽掌控了朝廷軍政大權，成為王莽代漢建
立新朝的前奏。

▌王莽改制，祖風猶存

　　王莽（西元前四十五至二十三年），字巨君。王政君的
父親和兄弟們都在漢元帝、漢成帝時封侯，擔任要職，輔佐
朝政，全家共有九人封侯，五人擔任大司馬，只有王莽的父
親王曼早死，沒有封侯。所以，王莽這一代，幾乎都是將
軍、列侯子弟，可以憑父親當時的地位恣意奢華，聲色犬
馬，唯獨王莽孤貧沒人理睬。由於沒有資本，王莽態度謙
恭，勤奮求學，侍奉母親和寡嫂，並精心撫養已是孤兒的姪

第七章 活躍在濟南周圍的虞舜後裔

了王光，還供他讀書。大將軍王鳳有病，王莽侍候他，親口嘗藥，一連幾個月都不能解衣入睡，因而蓬頭垢面。王鳳臨終時，把王莽託付給成帝和王政君，王莽因此被封為黃門郎，以後又升任射聲校尉。

王莽生活簡樸，為人謙恭，在外結交俊傑之士，在內恭謹地侍奉諸位伯父叔父。在王氏宗族中、在社會上都獲得了普遍的好評。叔父成都侯王商上書成帝，表示願意分出自己的封戶，封王莽為侯。長樂少府戴崇、侍中金涉、胡騎校尉箕閎、上谷都尉陽並、中郎陳湯等人，都是當時很有名望的人，紛紛上書稱讚王莽。再加上姑母的幫助，王莽封侯一事水到渠成。

王莽封侯後，更加謙虛謹慎。王莽讓孤姪王光去讀書，休假時就親自乘車，帶著羊和酒，去慰問他的老師，連姪子的同學也送上一份禮物，因此受到師生的交口稱讚。他讓兒子王宇和姪子王光同日舉行婚禮，來賀喜的賓客坐滿了屋子，王莽來回奔波，照顧客人。酒席中，有人來告訴王莽，說太夫人病痛，問要吃什麼藥，王莽趕緊去拿，一宴之間連續起身多次。他曾經暗中買了一個侍婢，兄弟們都知道了，他連忙聲明說：「後將軍朱子元沒有兒子，我聽說這個女子能生兒子，就為朱將軍買來了。」當天他就把女婢送到了朱府。王莽隱藏自己的真實情感追求名譽到了這種地步。

　　王莽任大司馬後，先是建言對諸侯王和功臣後裔大加封賞，然後封賞在職官員，增加退休高級官員的俸祿，擴大博士和太學生的名額，徵聘各地十人到京城做官，從而獲得了上層貴族的好感；對下層百姓和鰥寡者等無依靠的老人推行恩惠政策，讓他們都得到好處。他又上書平帝和太皇太后，表示願意拿出銀錢一百萬，獻出田地三十頃，來救濟貧民百姓，於是王公大臣們都效仿他行事。每逢發生水旱災害，王莽只吃素食。元始二年（西元二年），全國大旱，並引發蝗災，青州受災最嚴重。在王莽的帶動下，兩百三十名官民獻出土地和住宅救濟災民，災區普遍減收租稅，災民得到充分撫卹。皇家在安定郡的呼池苑被撤銷，改為安民縣，用來安置災民；連長安城中也為災民建了一千座住宅。大司徒司直陳崇上表讚頌王莽的功德，說他可與古代的聖人相比。

　　然而，自從輔政漢平帝以來，王莽開始有了篡漢稱帝的野心，培植親信、建立黨羽、排斥異己，這是免不了的。

　　為了培植自己的黨羽，王莽主動巴結當時著名大儒、大司徒。孔光是三朝元老，深受王太后和朝野的敬重，王莽推薦他的女婿任兼奉車都尉，利用孔光上奏的影響力充當自己排斥異己的工具。孔光一上奏，王莽就讓太后批准，於是，前將軍何武、後將軍公孫祿，丁氏、傅氏兩家外戚，以及漢哀帝得寵的臣子董賢的親屬，治罪的治罪，免官的免官，王

第七章　活躍在濟南周圍的虞舜後裔

氏外戚的政敵和異己勢力幾乎一網打盡。就連王莽自己的親叔叔、紅陽侯王立也因不順從他而被趕出了京師。

在誅除異己的同時，王莽的親信黨羽也逐步聚攏，形成了以王舜、王邑、甄豐、甄邯、平晏、劉歆、孫建七人為核心的親信集團。在他們的支持下，王莽加快了篡漢稱帝的步伐，由「四輔」、安漢公、宰衡、加九錫，到攝皇帝和假皇帝，一步步向皇位靠近。

在迫近皇位的過程中，王莽和他的親信黨羽配合得相當默契，既迷惑了太后，又獲得了天下輿論的讚譽。

每當王莽想要什麼頭銜，只需略微示意，他的黨羽就心領神會，接著是朝野官僚、百姓紛紛上書，強烈要求；然後是王莽磕頭哭泣，堅決推辭；再由太后下詔，要求王莽順從民意；王莽再推辭，吏民再上書，太后再下詔；反覆演戲之後，王莽萬般無奈，不得已屈己受命。比如，王莽稱安漢公，就是這樣進行的。

據說，西周時周公輔佐年幼的周成王，制禮作樂，天下太平。交趾郡（在今越南北部紅河流域一帶）南邊有個越裳國，經過多重翻譯向西周進獻白雉，成王將白雉送給周公。從此，遠方外夷獻白雉，成為國家強盛、人民安居樂業的祥瑞。王莽覺得這個可以大做文章，於是，暗示益州（治所在今四川省雟縣）地方官，讓境外蠻夷假稱越裳國貢獻白雉。

　　白雉一到，朝野馬上熱鬧起來了。王莽先不動聲色地讓姑母王太后下詔，以白雉祭祀宗廟。詔令一下，群臣馬上奏言王太后：「太后委任大司馬王莽決策擁立新帝，從而使朝廷安定。先前的大司馬霍光有安邦定國的功勞，增加封邑三萬戶，並且規定他死後子孫繼承爵位，封邑數同他相等，如同蕭相國。王莽應當按照霍光的成例授封。」王太后詢問王公大臣們說：「真是因為大司馬有大功勞應當褒揚他呢，還是由於他是我的至親緣故而使他與眾不同呢？」大臣們大力陳奏：「王莽的功德招來了像周公輔佐周成王獲得白雉雞一樣的祥瑞徵兆，相隔千年，符命卻相同。聖明的帝王的法度是，臣下有了大的功勛，那麼他生前就能獲得美好的稱號，所以周公在世時就得以用周的國號作為他的稱號。王莽有穩定國家、安定漢朝的莫大功勛，應當賜封稱作『安漢公』，增加封戶，規定他死後子孫繼承爵位時封邑戶和他一樣，遠的符合周公在周成王時的成例，近的如同霍光的先例，因此應該給王莽同等的封賞，以求順上天的旨意。」王太后就下詔讓尚書備辦這件事。

　　王莽上書推辭說：「臣和孔光、王舜、甄豐、甄邯共同商定擁立新帝的大計，把我的名字去掉，表彰他們四人就行了。」甄邯等人當然心領神會，馬上上書太后：「《尚書》講：『無偏無黨，王道蕩蕩。』太后不可因骨肉關係蔽隱王

第七章　活躍在濟南周圍的虞舜後裔

莽的功德，大司馬也不可因骨肉而避嫌辭讓。」王莽卻再次上書辭讓。

王太后讓人請王莽入宮，想和他當面談一談。沒想到，王莽推說有病，不肯入宮。王太后派尚書令親自去請，王莽仍然是堅決推辭。太后又派長信太僕拿著詔書召他進宮，王莽卻仍堅持託病不出。

左右侍臣們勸王太后說：「還是先按王莽的意見辦吧！這樣，王莽才能來。」無奈之下，王太后下詔，封太傅、博山侯孔光為太師，增加封邑一萬戶；封車騎將軍、安陽侯王舜為太保，增加封邑一萬戶；任命甄豐為少傅，封廣陽侯，食邑五千戶。以上三人都授予「四輔」的職位，每人賞賜一座府第。侍中、奉車都尉甄邯被封為承陽侯，食邑二千四百戶。

誰知，封完這四人後，王莽還是不上朝。群臣又是一陣鼓噪上書，強烈要求太后重賞王莽。王太后只得以高調吹捧王莽說：「大司馬、新都侯王莽是歷任三朝的三公，承繼周公的職責，制定了使後世長治久安的策略，功勞德行是忠臣們所景仰的，教化流傳遍及全國，遠方異域的人們也仰慕他的大義，所以越裳氏輾轉而來進獻白雉雞。應當把召陵、新息兩縣民戶兩萬八千家加封給王莽，免除他後代的賦稅徭役，規定子孫可以繼承他的爵位和封邑不變，封賞按照蕭相

國的成例。任命王莽為太傅，主管四輔的事務，稱號叫做『安漢公』。把從前蕭相國的豪華宅邸作為安漢公的府第，將這些見諸文字，以傳之於無窮。」這下，王太后把王莽捧得可不輕。王莽的定位，已經超越蕭何，與周公平起平坐了。

這下，王莽的目的達到了，他做出誠惶誠恐的樣子，讓人感覺他是不得已才上朝接受冊封的。他又表示，只接受「太傅」、「四輔」、「安漢公」的稱號，辭去增加的封地和規定子孫世襲爵位、封邑的賞賜，說願意等百姓家家都豐衣足食了，再接受這樣的賞賜。這樣一來，王莽不僅沒有露出篡權的跡象，反倒使朝野再次掀起一片擁護安漢公的呼聲。

朝廷既然有了安漢公，太后的權力就不起作用了。王政君下詔宣布，除了封爵，一切政務皆不過問，都由安漢公處理。

西漢末年，出現了嚴重的社會危機，一是土地兼併嚴重，二是奴婢數量激增。皇族、貴戚、官僚和豪強地主瘋狂強占民田，加速了農民的破產。失去土地的農民或者淪為奴婢，或者四處流亡，因飢餓而死，死後又無力安葬，屍體往往被豬、狗所食。漢哀帝時，諫大夫鮑宣說，民「有七亡而無一得」、「有七死而無一生」。正如王莽的《王田令》所說：「兼併起，貪鄙生，強者規田以千數，弱者曾無立錐之居。又置奴婢之市，與牛馬同欄。」人民的生活陷入絕境，

第七章　活躍在濟南周圍的虞舜後裔

不得不鋌而走險。起義風起雲湧，西漢統治面臨崩潰的邊緣。哀帝時，為了緩和土地兼併與大批農民淪為奴婢的嚴重情況，大司馬師丹提出「限田限奴」的方案，但很快就破產了。也有人提出「易姓受命」的主張，於是漢哀帝將建平二年（西元前五年）改為太初元年，自己改稱「陳聖劉太平皇帝」，認為這樣就符合了更受天命之意，可改號以後危機依然如故，起義不斷爆發。就在這個時候，王莽粉墨登場了。

由於實施了一系列收攬民心的措施，王莽博得了社會各階層的普遍好感，人們都對他寄予了希望。上層貴族認為，王莽有回天之術，能挽救搖搖欲墜的社會危機；下層人民認為，他仁慈善良，能改變自己的生活境況。王莽不接受朝廷賜給他的新野之田，上書頌揚其功德的有四十八萬七千五百七十二人人。王莽稱帝前，關於王莽受命做皇帝的輿論一浪高過一浪，關於王莽代漢稱帝的符瑞、圖讖在各地紛紛出現。其中，固然有一部分是王莽授意偽造，但也有相當一部分反映了當時的民意。所以，不是王莽投機鑽營、篡權代漢，而是西漢末年嚴重的社會危機和當時的客觀形勢把王莽推上了歷史舞臺。

元始四年（西元四年），王莽的女兒做了漢平帝的皇后，王莽又做了宰衡，被給予九錫的賞賜，他離皇位越來越近了。元始五年，十四歲的漢平帝對王莽流露出不悅的神

色，王莽遂毒死漢平帝，又擁立了一個年僅兩歲的劉嬰做太子，號為「孺子」，自己做「攝皇帝」和「假皇帝」，並將年號改為「居攝」。當然，每一步都少不了一番「表演」。

西元九年，王莽廢孺子劉嬰為定安公，自立為皇帝，改國號為「新」。

當皇帝首先得有皇帝玉璽。當初，劉邦率兵入咸陽，秦王子嬰奉上始皇玉璽。劉邦稱帝後世代傳授，號曰「漢傳國璽」。哀帝駕崩時，太后王政君收了國璽，臨朝稱制，所以玉璽一直收藏在王太后處。王莽內心有慮，派一直受王太后喜愛的王舜去取。王太后自然知道王舜的來意，大罵王莽說：「你們王家父子蒙受漢家皇恩，累世富貴，不思回報，反篡取其國，簡直豬狗不如！若自以為受天之命為新朝皇帝，應另製玉璽，何用此亡國不祥之物？我是漢家老寡婦，早晚得死，與此璽一同入葬，你們休想得到此璽！」王太后邊罵邊哭，王舜也悲不自勝，過了好一會兒勸太后說：「臣無話可說，但王莽不得此璽絕不會罷休，難道太后能永遠不給他嗎？」王太后見王舜說得真切，又恐怕王莽脅迫，取出國璽，氣憤地摔在地上，說：「我快入土了，無所謂，你們兄弟等著滅族吧！」王舜趕緊抱起摔掉一角的國璽走了。

看來，太后王政君對她娘家父兄參與朝政是有底線的。她可以倚重娘家的父兄子姪幫助漢家治理天下，多高的官

第七章　活躍在濟南周圍的虞舜後裔

位、多大的權力、享受什麼樣的榮華富貴都可以，但要改姓篡位絕對不行，因為她是漢家劉姓的太后。

王莽稱帝後，王政君一直在矛盾和苦惱中生活。王莽雖然對這位姑母非常恭順，但總不想讓她再與漢家有什麼關係。正好，有個善於阿諛奉承的遠方同宗王諫，上書說：「皇天廢漢而立新朝，太皇太后的稱號也應隨漢而廢，以奉天命。」王莽抓住這個機遇，馬上把王諫的上書給太后看。王太后看了，氣得臉色煞白，狠狠地對王莽說：「他說得對啊！」意思是說：「既然如此，你就把我這個太后、你的親姑母廢掉吧！」於是，王莽趕緊給姑母出氣說：「這是個悖德絕情之輩，應當殺死！我念姑姪之情，不能這樣做，但也不能違背常理。既然漢家的太皇太后不倫不類，我這個做姪子的得為姑母的前途著想啊！」隨後，他示意臣下獻上一塊昭示符命的銅璧，上寫「太皇太后當為新室文母太皇太后」。於是，王莽下詔，正式把王政君的太皇太后更名為「新室文母太皇太后」，把那個上書要廢掉王政君的王諫也殺掉了。這時的王政君只能聽任擺布，心情似五味雜陳，什麼也說不出來了。

新朝建國五年（西元十三年）二月，王政君去世。

王莽剛一即位，按照尊天敬祖的傳統，尊黃帝為皇初祖考，尊舜為皇始祖考，尊田安為新王祖，追封高祖王遂為伯

王、曾祖王賀為孺王。他下詔說，「王氏，虞帝之後也，出自帝嚳」、「劉氏，堯之後也，出自顓頊」，都是黃帝的後裔，堯禪位給舜，劉氏禪位給王氏，這是「帝王之道，相因而通」。接著，他歷數王氏先代姓氏說，「虞帝之先，受姓曰姚，其在陶唐曰媯，在周曰陳，在齊曰田，在濟南曰王」，姚、媯、陳、田、王五姓的人，都是黃帝、虞舜的後代子孫，都是他的同族，都得入宗室名籍，世代免除賦稅。

王莽又派騎都尉到各地修建先祖的陵園，黃帝陵園位於上都橋畤（今陝西省延安市黃陵縣西北橋山之上），虞帝陵園位於零陵九嶷（今湖南省永州市），胡公媯滿在淮陽陳（今河南省淮陽區），敬王田完在齊地臨淄（今山東省淄博市），齊愍王在城陽莒（今山東省日照市莒縣），伯王王遂在濟南東平陵，孺王王賀在魏郡元城（今河北省邯鄲市大名縣東），並且每年派遣使者按四季前往祭祀。

王莽的新朝從西元九年開始到西元二十三年結束，共存在了十四年。舊史家囿於封建正統觀念，說王莽的新朝是「非命之運」、「余分閏位」，一直否認它的正統地位，但他們否認不了新朝的歷史，王莽及王莽改制的內容仍然被載入中國古代史的史冊。

東漢班固的《漢書》系統記載了王莽、王政君及王莽改制，他認為王莽在道德上是表裡不一、騙取名望的人，

第七章　活躍在濟南周圍的虞舜後裔

「既不仁而有佞邪之材」，王莽的新朝是「竊位南面，處非所據」。後代史學家對班固的定性奉行不替，王莽成為「虛偽」、「奸詐」、「篡盜」、「竊位」的典範，「莽卓（王莽、董卓）」成了竊國大盜的代名詞。

但是，王朝的興亡更替不是用一兩句話能概括的，評價一個歷史人物，也不是用「虛偽」、「奸詐」就能定性的。南宋理學家陳普的一句詩說得很恰當：「王莽當年似姬旦（周公）。」作為奪權者，王莽不僅有足夠的勇氣和膽魄，還足智多謀，有變詐難知的高智商。舜的後裔田氏長期經營工商業，形成了「言與行繆，虛詐不情」、多智謀、好變詐的傳統，才孕育出司馬穰苴、孫武、田忌、孫臏、田單等一大批善於「詭道」、講求兵不厭詐的軍事家。新朝當然不是一個愚蠢無知、魯莽簡單的人所能建立起來的。

王莽稱帝後，並沒有在皇位上享樂腐化，而是針對當時的社會危機進行了一系列的改制。王莽改制的內容相當龐雜，政治、經濟、外交等方方面面都有所觸及，主要內容大致如下：

第一，實行「王田」、「私屬」制。

把天下的土地收歸國有，統稱為「王田」，禁止買賣。那些家庭人口男性不滿八人，而占有田畝超過一井（九百畝）的，要把多餘的田畝分給親屬和鄉鄰。原來沒有田，現

在應當分得田的，按照規定辦。把奴婢改名叫「私屬」，不得買賣。

第二，實行五均、賒貸及六筦（管）。

五均是在洛陽、邯鄲、臨淄、宛、成都五大城市設立五均官，負責平抑物價，收取工商業稅。

賒貸是貧民遇有喪葬、祭祀，或經營工商業而無資金者，可以向政府貸款。祭祀借貸須在十天內歸還，喪葬借貸須在三個月內歸還，以上兩項借貸不收取利息。工商貸款每年交納不超過所借金額十分之一的利息。

在實行五均和賒貸的同時，王莽還設六筦之令。「筦」即「管」，就是由政府管理六種經濟事業，即酒、鹽、鐵由國家專賣，鑄錢由國家專營，向取利於名山大澤的養蠶、紡織、縫補、工匠、醫生、巫、卜、樵夫、漁民、獵戶及商販徵收山澤稅，加上五均賒貸，合稱為「六筦」。

第三，改革幣制。

王莽共進行了四次幣制改革，由於幣值、種類太多，換算困難，流通不變，造成了很大混亂。

第四，統一度量衡。

王莽的度量衡器物，傳世較多，尤以新莽銅嘉量為珍貴，它集斛、斗、升、合、龠（ㄩㄝˋ）為一體，構成了完整的度量衡總體。東漢以後各代，多承襲莽制。

第七章　活躍在濟南周圍的虞舜後裔

　　王莽改制觸動了大地主、大官僚的利益，遭到他們的強烈反對，於是王莽很快又取消了改制的詔令，結果引起了更大的混亂。加之王莽在改制的同時發動了對周邊少數民族的戰爭，加重了人民的負擔，結果引起了社會危機的總爆發，導致了一場全國性的大起義。地皇四年（西元二十三年），綠林軍攻入長安，王莽被殺，新朝滅亡。

　　土地兼併和奴婢問題導致了西漢末期的社會危機，王莽看到了這個危機，實行了一系列解決這一危機的改革，即使他的措施有種種弊端，即使他也在滿足自己的種種私慾，但至少說明，他是一個具有遠見卓識的政治改革家。

第八章
茫茫舜跡在濟南

第八章　茫茫舜跡在濟南

作為大舜文化的重要發祥地，濟南處處都留有大舜及大舜文化的遺跡，如舜城、舜（耕）山、舜田門（歷山門）、舜祠、舜井、舜田、娥英祠等，引來了無數帝王將相、文人墨客的頂禮膜拜、賦詩撰文、歌功頌德。到了現代，人們出於對舜的崇敬、懷念之情，對史料記載和民間傳說的遺跡、物像和人物進行了挖掘、復建，分別在千佛山、大明湖、趵突泉、舜井文化廣場、舜耕路等再現了大舜當年的情景，使底蘊深厚的濟南大舜文化更加豐富多彩。

▎大舜文化的淵藪 —— 千佛山

千佛山舊稱歷山、舜山、舜耕山。隋唐時期，山東佛教昌盛。隋開皇七年（西元五八七年），隋文帝為紀念其母（山東歷城人），命工匠在這裡的山崖石壁上雕鑿了眾多佛像，故得名千佛山。從歷史進程看，千佛山首先是著名的虞舜文化聖地，其次是佛教歷史名山。千佛山是泰山的餘脈，海拔兩百八十五公尺，與趵突泉、大明湖並稱濟南三大風景名勝區。

（一）千佛山舜祠

舜祠，是祭祀遠古聖賢虞舜的祠廟。濟南歷史上建有三座舜祠，一座在千佛山上，另一座建在廟山上，第三座在市區中。

千佛山

千佛山舜祠在歷山院內。歷山院位於興國禪寺東側,是一座坐落在千佛山北山崖上的長方形的院落。明成化四年(西元一四六八年),濟南德王府內官蘇賢欲成「善果」,捐資修建了三清殿和真武樓。因該院以紀念舜耕歷山為主題,因此尊奉舜為天、地、水三神中的地神,堯為天神,禹為水神,立祠祀奠。清康熙年間,文人們又把儒家的創始者孔子供奉在文昌閣內。清代還曾建有觀音堂,供奉觀音菩薩。儒、道、佛三家,在歷山院內「和諧共處」。現在歷山院內的主要建築有舜祠、魯班祠、三聖殿等。

歷山院內居中的是舜祠,又叫重華殿、重華協帝殿。

第八章　茫茫舜跡在濟南

　　北魏時期的酈道元在《水經注‧濟水》中寫道：「城南對山，山上有舜祠。」北齊人魏收在《魏書‧地形志》中談到齊州濟南郡歷城縣時講，歷城有「舜山祠」。舜山即千佛山，這個舜山祠，就是千佛山的舜祠。

　　北宋樂史所撰寫的《太平寰宇記‧河南道‧齊州》載：「歷山，在縣南五里。《水經注》云：『歷山縣南山上有舜祠，下有泉穴。』廟山，在縣東南十里。按晏謨《三齊記》云：『縣東南山，後人思舜之德，置廟於此。』」

　　其實，更符合「後人思舜之德，置廟於此」這一說法的是舜躬耕過的歷山。

　　根據《太平寰宇記》引晏謨《三齊記》的記載，濟南的歷山、廟山兩座山上各有一座舜廟。乾隆《歷城縣志‧山水考一》記載：「禹登山又西北而東北分者為荊山。荊山疑即古之廟山。」現在的荊山在今濟南城東南漿水泉之北，被懷疑是古時所稱的廟山。廟山的舜廟到北宋元豐（西元一〇七八至一〇八五年）年間被移到南門內，與歷祠合併。道光《濟南府志‧祠祀‧歷城》載：「虞帝廟在南門內府治西南舜井旁。舊在廟山，宋元豐間移建於此。」

濟南千佛山的舜祠

《三齊記》的作者晏謨是東晉十六國時期的南燕人，舜廟所在的山被稱為廟山，已經因廟形成了山名，說明舜廟相對南燕（西元三九八至四一〇年）來講已經存在了很多年，其修建時間應該更早。《水經注》記載的「歷山縣南山上」的舜祠，也存在於北魏（西元三八六至五三四年），其修建時間也應更早。這兩座舜廟的修建時間應該相差不遠。關鍵是，十六國之前，哪個朝代有修建舜廟的大氣候？因此，有人推測，千佛山舜祠或建於王莽的新朝。

上古三代只有天子才有資格祭祀王室先祖、天地等重要神明，祠廟基本是建在行政中心或者葬地。延至春秋時期，

第八章　茫茫舜跡在濟南

濟南從未做過國都，也不是虞舜的葬地，春秋時期的姜氏之齊也不奉舜為始祖，即便歷山真是舜耕之處，也不會修建祠廟，因為這不符合當時的禮制。到戰國時期的西元前三八六年，周天子正式冊封虞舜的後裔田和為諸侯，姜氏之齊變成了田氏之齊，同時，地方祠廟的種類增多，舜作為田氏的始祖被立祠奉祀是極有可能的。然而，據《漢書·郊祀志》記載，齊地祠廟多祭祀天主、地主、兵主、陰主、陽主、月主、日主、四時主等齊地八神。

秦始皇崇尚法家思想，不會鼓勵民間對孔孟稱道的舜的崇拜。

直到漢武帝以後，儒家學說成為正統，從最初以維護等級制度為核心的思想體系，逐步發展為以教化為核心的思想體系，因而舜逐漸成為「人倫之至」，使得民間對舜的崇拜、民間廣泛建築舜祠以及官方利用民間信仰成為可能。

西晉永嘉（西元三〇七至三一一年）之前的歷城縣不是州郡治所，為什麼要在這樣一個城邑的遠郊山上建築舜祠呢？在偏遠的山上建廟，自然可以用「舜耕歷山」的說法來解釋，但「舜耕歷山」肯定不是在山上耕作，沒必要將祠廟建在山上。為了方便祭祀，似應像宋代那樣將舜祠建築在城內才是。遠離人口聚集地，說明最初的這座舜祠不是單純由民間信仰產生，而且也不是簡單地利用民間信仰，而是由官

方主持祭祀的，具有政治上的象徵意義，而具有這樣明確政治意義的只有新莽一朝。

王莽篡漢使用的手段就是禪讓，而遠古時期的舜是第一個正式透過禪讓獲得帝位的。西漢王朝宣稱自己是帝堯的後裔，漢高祖置祠祀官，祭祀堯帝。而王莽是舜的後裔，奉舜為始祖。唐堯禪位於虞舜，劉漢禪位於新莽，透過祀舜來展現禪讓的合法性，獲得社會其他政治勢力的認可，是王莽鞏固新朝的輿論措施。

對於舜的祭祀，王莽是非常重視的。建國伊始，他便在明堂祭祀皇初祖考黃帝、皇始祖考虞帝，欲將他們列入祖宗的親廟，建立五所祖廟、四所親廟，讓他們的王后或夫人都配享。他還派人到各地修建先祖的陵園，在虞舜的葬地九嶷山大興土木，修建舜廟。因此，王莽可能在當時所有疑似舜耕處的歷山上都建過祠廟。前文講到，王莽的高祖是濟南伯王王遂，王莽稱帝後在濟南郡東平陵為王遂修建了陵園，還派遣使者每年四季按時致祭。而在舜耕作過的歷山上修建舜祠，更有政治上的宣示意義，所以舜祠初建於新莽時期，是極有可能的事。

《漢書·王莽傳》記載了王莽在頒布一系列尊祖祭祖的舉措後，又講：「以新都侯東弟為大禖（一種祭禮），歲時以祀。家之所尚，種祀天下。」對「家之所尚，種祀天下」

第八章　茫茫舜跡在濟南

一句，唐代顏師古注曰：「言國已立大褅祠先祖矣，其眾庶之家所尚者，各令傳祀勿絕，普天之下同其法。」意謂新朝立祠祀祖，天下都應該一同奉祀，不僅是皇室，地方也要祭祀。濟南的舜廟很可能是根據王莽的這一要求，由地方政府主持建築並定期祭祀的。王莽死於地皇四年（西元二十三年），而天鳳五年（西元十八年）赤眉軍起，山東大亂，舜祠應在此之前而建，即歷山上的舜廟極可能建於西元九年之後、西元一八年之前的數年間。

千佛山舜祠，是千佛山上歷史最悠久、海拔最高的一座廟宇，自建成後歷朝歷代多有興修重建。重修後的舜祠仍是坐南朝北，七楹出廈，紅柱黃瓦，上飾鴟吻，「舜祠」匾額懸掛居中高處，整座建築氣勢宏偉，美輪美奐。殿內大舜帝的雕像居中間，兩側是娥皇和女英二妃，再兩側列禹、后稷、羲和、益、伯夷、夔、皋陶、契等八大臣。祠內東、西、南三面牆上，繪以舜帝生平業績的彩色壁畫。東牆的壁畫是〈舜耕歷山〉，南牆東面是〈舜承堯日〉，南牆西面是〈禹踐舜祚〉，西牆是〈柴祭岱宗〉。舜祠是千佛山弘揚和傳承大舜文化的最重要景點。

在舜祠門外的檐柱上，懸掛當代書畫家範曾所題楹聯：「古帝諳深情記得瀟湘斑竹淚，娥皇鐘雋秀長懷歷下千山泉。」

　　舜祠修建在千佛山北面的山崖上，門口是一平臺，平臺下有兩層直立的石壁，第一層石壁鑲嵌著「象耕鳥耘」壁畫，第二層石壁是鐫刻《尚書·舜典》的巨幅字幅。《舜典》記載了舜的生平，全文近八百字，端首「舜典」二字由蔣維崧先生題寫，其他文字由他的弟子劉紹剛用金文字體書寫。整幅作品長近三十公尺，寬近六公尺，洋洋大觀，與千佛山自然景觀融為一體。《舜典》字幅的落成，為濟南大舜文化建設增添了新的亮點。

千佛山舜祠下面的《舜典》

　　舜祠的西側是三聖殿，五楹出廈，廡殿頂，綠色琉璃瓦，規制比舜祠要小些，殿內祭祀的是三位先聖 —— 堯、

舜、禹，堯居中，舜居左，禹居右，兩側侍立皋陶、契、后
稷、伯夷四大臣。他們的故事可謂婦孺皆知，但把三位先聖
祀奉在同一座祠堂內的情況卻不多見。

濟南千佛山的三聖殿

（二）舜耕山上覓舜跡

　　徜徉於千佛山上，舜跡星羅棋布，能讓人們感受到巍巍
五千年的古賢之風，以及一個聖人、一座聖山所傳承的文化
根脈。從古至今，千佛山上的大舜文化印記從未中斷和泯滅。

　　走進千佛山正北門，左側是〈歷山頌〉石刻，以洗練的筆墨，簡要介紹了舜的崇高品德和偉大政績，以及舜與濟南歷山和濟南文化的淵源關係。

〈歷山頌〉

　　過〈歷山頌〉石刻沿主盤路往東側一拐，在索道站東北側即可看見「堯帝訪賢」主題廣場。由「堯帝訪賢」主題廣場向上行走三十公尺，即為「歷山溯源」主題園。這裡以雕塑小品的形式，設有「歷山溯源」石刻、「舜耕歷山」石雕像，以及「石耒」、「石璧」、「石璜」等石雕，上刻歷代名人或史冊關於舜耕歷山的記載、論證。

第八章　茫茫舜跡在濟南

歷山溯源

石耒

石璧

「舜耕歷山」石雕像的後方，有五塊巨大的方形印章，由東向西依次為「孝感動天」、「有鳳來儀」、「德至舜明」、「熏風郅治」、「日月重華」。這些雕刻文字的由來，前面業已述及。

在「舜耕歷山」石雕像西側，有兩座大象雕像：一座為公象，鼻子昂過頭頂；一座為母象，鼻子弧形下彎，領護幼象。這當然來自「象耕鳥耘」的傳說。在千佛山，大象成為舜文化的標誌，在舜祠、思親亭等處均有大象的形象。

大象石雕像

「舜耕歷山」石雕像西南一百公尺有大舜石圖園，是系統表述東夷族文化和舜文化的地方。該園占地面積兩千平方公尺，中央是圓形石砌地面，圓形地面內有九根高八公尺的花崗岩大石柱，其形四方，自然平面。石柱上均刻有大舜的事蹟，計有堯舜相見、舜命禹治水、舜帝東巡、黃帝戰蚩尤、嫦娥奔月、東夷族的圖騰、羿射九日、夸父逐日、舜耕歷山、虞舜三次罹難、舜帝南巡等。這些雕刻均取自秦漢壁畫、畫像磚、馬王堆漢墓帛畫等。

　　游完千佛山大舜文化遺跡，讓人感悟匪淺。千佛山這座聖山似乎有一種鮮活的靈魂，這就是幾千年源源不斷的大舜文化精神。它讓我們穿越到幾千年前的遠古時代，不僅領悟到舜耕文化所蘊含的孝悌、愛民、勸善、禮讓、德化、感

召、利天下等，還讓我們體味出遠古先祖在生產力低下的情
況下，對大自然奧妙的探索，以及對神靈和人類險惡環境的
抗爭和征服，和對遠古新生活的創造和開拓。

▌從舜田門走進舜井街

　　濟南市的舜跡大致可以分為千佛山、舜井街、舜耕路、
趵突泉、大明湖五部分，而最引人注目的是舜田門內的舜祠
和舜井。

（一）舜田門

　　舜田門，亦稱歷山門，是原濟南城的南門，位於現在的
舜井街南頭、南門大街的南門橋處，是濟南最具文化內涵的
一座城門。

濟南南門橋的舜田門遺址

　　濟南南門橋西側護城河兩岸橋頭有「舜耕歷山日」、「堯嫁娥英時」的對聯。南岸，一方長約五點二公尺、寬約三點五公尺、高約三點六公尺、重約九十噸的巨大蒙山石巍然而立。石刻正面以漢隸體陰刻「舜田門遺址」五個大字。石刻下面刻有舊時南門門樓，也就是舜田門及城牆圖樣。城牆圖案大約長四公尺，中間部分是舜田門城樓的圖案。石刻背面是《山東通志》和《歷乘》的引文。

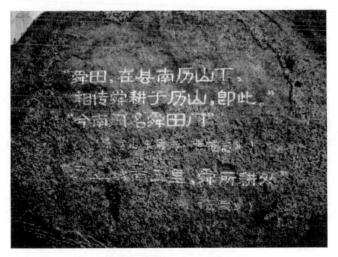

濟南舜田門遺址石上鐫刻的文字

　　乾隆《歷城縣志・建置考一》引艾俊〈重修舜田門城樓記〉載，濟南「舊有土城，年代無考。洪武四年（西元一三七一年），始設磚石甃（ㄓㄡˋ）砌。周圍一十二里四十八丈，高三丈二尺。辟四門，東日齊川，西日濼源，南

日舜田，北日會波，俱有子門。」南門之所以叫「舜田門」，
上述「舜田門遺址」石刻背面引清代《山東通志‧古蹟志》
稱，「舜田，在縣南歷山下，相傳舜耕於歷山，即此」、「今
南門名舜田門」。又引明末濟南人劉敕《歷乘》：「歷山，城
南五里，舜所耕處。」由此可知，舜田門正式修建於洪武四
年。濟南城舊有夯土城牆，自洪武四年開始修建磚石城牆、
城門，並正式為四門命名。濟南城的南門正對著歷山，人
們把濟南南門到歷山的土地稱作「舜田」，是舜躬耕歷山之
地，為紀念舜耕歷山和舜田，命名濟南南門為「舜田門」，
又稱歷山門。從此，這座城門具有了更為深遠的歷史和文化
內涵。

康熙登上舜田門城樓巡閱百姓

　　明朝中期後，舜田門城樓被腐蝕破壞，時間久了感覺就要倒塌。明憲宗成化四年（西元一四六八年），錢塘人張珩任山東按察使，見舜田門城樓日益凋敝，感嘆說：「這是我的分內事，如果不修繕的話，怎麼保障黎民百姓的安危！」於是，張珩與同僚策劃、籌備，重修舜田門城樓。修成後，舜田門煥然一新。

　　康熙二十三年（西元一六八四年）十月初八，康熙帝南巡至濟南，自西門入城，登上舜田門城樓，巡閱濟南百姓。

　　一九三〇年代初，為方便交通，舜田門被拆除。

（二）濟南城內舜祠的滄桑盛衰

　　濟南城內舜祠也稱舜廟、歷祠、虞帝祠、舜皇廟。明清時期，濟南城舜田門（南門）內是南門內（裡）大街，其北段俗稱「舜廟街」，現通稱為「舜井街」。舜祠即在舜井街中段的西邊。

寬厚里舜祠

第八章　茫茫舜跡在濟南

　　城內舜祠始見於北宋人的記載，然而其始建年代要上溯到南北朝甚至更早的時代，它由歷祠和廟山舜祠合併而成。

　　南北朝以來的舜井，是古歷水的源頭。乾隆《歷城縣志》卷九〈山水考四〉引《太平寰宇記》載：「歷水在縣東門外十步。按《三齊記》云：『歷水在歷祠下，泉源競發，與瀠水同入鵲山湖。』」

　　鵲山湖即蓮子湖，唐朝小說家段成式《酉陽雜俎》卷十一〈廣知〉載：「歷城北二里有蓮子湖，周環二十里。」鵲山在今濟南市北，華山以西六公里處，黃河北岸。金代以前，華山至鵲山之間是一片汪洋，與古大明湖、歷水陂溝瀆相連，稱為「鵲山湖」，因湖中多蓮花，又稱「蓮子湖」。

　　在早期的宗教信仰中，水神與祖先神往往合二為一，如春秋時期東夷族太昊氏的後裔任（今山東省濟寧市）、宿（今山東省東平縣稍南）、須句（今山東省東平縣西北境）、顓臾（今山東省費縣西北）等風姓小國祭祀祖先太昊和濟水，他們祭祀的濟水神就是他們的祖先太昊。由此推測，歷祠所祀的歷水神可能就是帝舜，歷祠只是舜祠的別稱而已。

　　濟南城內舜祠的第二個來源是歷山舜祠中提到的廟山舜祠。北宋元豐（西元一〇七八至一〇八五年）年間重修濟南城內舜祠時，將廟山神祠遷移到府內，二廟合一。

　　據乾隆《歷城縣志》卷十一引《齊乘》講，舜祠在濟南

城內第二坊，旁邊有舜井。古舜祠在廟山，城外沿廟山故道有古舜坊。由於城內舜祠是由廟山舜祠遷移、合併而來的，到清代仍然有廟山到城內的廟山故道，府外、府內的故道上有兩座為舜豎立的牌坊。道光《濟南府志》卷十八〈祠祀・歷城〉亦載：「虞帝廟在南門內府治西南舜井旁。舊在廟山，宋元豐間移建於此。」正是元豐年間的這次大修，才將廟山舜祠與舜井、舜祠合併為一處。

濟南城內舜祠明確見於文獻記載，始於北宋。宋神宗熙寧四年（西元一〇七一年），曾鞏任齊州（今山東濟南）知州，上任後的第一件事便是拜謁舜廟。熙寧八年（西元一〇七五年），蘇轍作〈舜泉詩並序〉，序中明確提到「城南舜祠有二泉」。可見，舜井、舜祠至晚在熙寧年間就已存在，其與十六國時的歷祠、廟山舜祠一脈相承。

宋代舜祠中供奉著舜帝的雕像，祠前舜井旁還立有據傳是蘇軾手書的歐陽脩〈留題齊州舜泉〉詩刻石，這塊石刻在明朝初期依然見在。據乾隆《歷城縣志・金石考一》載，城內舜祠的舜井前還有元豐二年（西元一〇七九年）四月立的、負責舜祠大修的齊州知州王臨的「神在」二字碑，「神在」兩個大字下面刻有王臨跋語，碑後又刻「洊（ㄐㄧㄢ丶）神」二字，大小與「神在」字同。「神在」、「洊神」之神，當然是指歷水神帝舜。

第八章　茫茫舜跡在濟南

　　宋、金、元、明四代，是舜祠歷史上的輝煌時期，也是舜祠幾經滄桑盛衰的沉浮時期。

　　金朝貞祐（西元一二一三至一二一七年）以後，由於戰亂，濟南城空了二十餘年，舜祠淪為一片廢墟。元朝濟南人張養浩〈過舜祠〉詩用「荒祠」來詠嘆舜祠破敗荒涼的景象：

　　太古淳風叫不還，荒祠每過為愁顏。
　　蒼生有感歌謠外，黃屋無心揖讓間。
　　一井尚存當日水，九嶷空憶舊時山。
　　能令子孝師千古，瞽瞍原來不是頑。

　　後來，丘處機的弟子陳志淵（號重玄子）於金哀宗正大五年（西元一二二八年）建立華不注山的華陽宮之後，派弟子進駐舜祠廢墟，主持舜祠的香火。當時舜祠僅為一座簡陋的板屋。隨後，華陽宮道士又在舜祠右側空地上構建迎祥宮。迎祥宮雄偉壯觀，與卑陋的板屋舜祠形成鮮明的對比。

　　直到元成宗元貞（西元一二九五至一二九七年）年間，濟南知府斡赤拜謁舜祠，見舜祠卑陋不堪，於是發起重建。新建的舜祠，由一前一後的正殿和寢殿組成，正殿供奉虞帝像，寢殿供奉娥皇女英像，舜祠又開始初具規模。

　　到了明朝，百年舜祠歷經風雨侵蝕，已是牆垣圮剝、木瓦腐漏，所以，又有了明英宗天順四年（西元一四六〇

年）、明神宗萬曆二年（西元一五七四年）的兩次重修擴建
和明思宗崇禎（西元一六二八至一六四四年）年間的重建，
尤其是前兩次修復，奠定了日後舜祠的規模和格局，除了正
殿、寢殿、廊廡以及外門煥然一新外，還在正殿、寢殿的後
面增建了歌薰亭，左右配以「重華協帝」和「大孝格親」兩
座牌坊，並擴大祠宇周邊的隙地，建起了高大的廟牆。

經過這兩次重修擴建的舜祠，院落寬宏，殿宇巍峨，松
柏蒼翠，再次成為濟南名勝，文人墨客多有吟詠。題詠中尤
以刑部主事、武進人沈應奎〈虞帝廟十二韻〉最為知名。明
末濟南人劉敕在《歷乘》中還把舜祠列為歷城「十六景」之
一，名曰「松韻南薰」。廟內有元代濟南狀元、史學家張起
岩撰文書寫，由著名文學家、濟南人張養浩篆額的迎祥宮石
碑，碑文記載了自金代興定四年（西元一二二〇年）至元代
至治三年（西元一三二三年）舜祠和迎祥宮的興廢過程，因
是濟南兩大鄉賢合作的珍品，被譽為「濟南鎮府之寶」。

明朝崇禎五年（西元一六三二年），濟南南城內外發生
大火，數千家房舍被焚燬，大火殃及舜祠，殿宇化為灰燼，
唯獨舜像安然無恙。災後，山東巡撫朱大典下令歷城知縣貴
養性重建舜祠。

清康熙四十二年（西元一七〇三年）春，舜祠因大火化
為灰燼。幾天後，舜井噴湧發水，舜祠廢墟淪為池沼。清

第八章　茫茫舜跡在濟南

初學者、新城（今山東省淄博市桓臺縣）人王士禛（西元一六三四至一七一一年）《香祖筆記》卷九載：

> 濟南有帝舜祠，在南門之內。癸未春，方作醮事，火忽自殿上出，頃刻焚爇（ㄖㄨㄛˋ）殆盡。逾數日，諸當事有事於祠，方就殿址禮拜，階下舜井水忽溢高數尺，須臾氾濫，急覓輿馬而出，竟不終禮而罷，赤異災也。井水出祠北，流入明湖，至今尚然，不知是何祥也。

《聊齋詩集·過舜廟》卷中「小序」記載得略有不同，說的是康熙四十年（西元一七〇一年）舜祠遇火災，第二年舜井氾濫。〈過舜廟〉詩記災後舜祠廢墟云：

> 松杉祠廟總悲涼，萬古遊人吊舜皇。
> 十二牧重經烈火，三千年復見洪荒。
> 劫灰斷碣殘煙黑，泡影搖波落炤黃。
> 謨蓋當時存聖蹟，孝名今一歷滄桑。

從詩中可知，清代舜祠重華殿內不僅有舜的雕像，還有舜肇十二州的長官配享。到雍正時，舜廟被重建。雍正《山東通志》卷二十一載：「帝舜廟，在府治西南，廟西有二妃宮，祀娥皇、女英。旁有舜井。」可見，恢復後的舜祠與二妃宮、舜井並列。

乾隆十三年（西元一七四八年），為迎接皇帝駕臨，山東巡撫阿里袞重修舜祠重華殿，殿中設有虞氏神位。當年三

204

月，乾隆帝南巡駐蹕濟南，拜謁舜祠，並賦詩一首，刻石置
於重華殿內，詩云：

> 孝稱千古獨，德並有唐雙。
> 歷下儀刑近，城中廟貌龐。
> 春風餘故井，雲氣護虛窗。
> 緬繼百王后，欽瞻心早降。

可見，那時舜祠建築的規模和氣度也是很可觀的。

濟南舜井街舜井旁鐫刻的乾隆〈謁舜廟〉詩

　　乾隆《歷城縣志》卷四十五〈仙釋列傳〉載：「李崇
華，字美然，幼於城隍廟出家為道士。南門內舜廟頹圮已
久，崇華竭力募修之。」李崇華募捐修繕舜祠，應在乾隆
《歷城縣志》成書的乾隆三十八年（西元一七七三年）之
前，這是清代文獻記載的最後一次修繕。

第八章　茫茫舜跡在濟南

一九三五年，私立山東國醫專科學校在舜祠後院成立，同時創辦了國醫慈善醫院。一九六〇年代中期，六十五中學成立，久已頹敗的重華殿被拆除，在原址上建起了教學樓。

濟南城內舜廟自建立以來，無論怎樣逢災受難，始終坐落在濟南城之內，牽掛著濟南千家萬戶的居民。它存在於濟南一千六百多年之久，不僅表現了濟南人民對舜這位人文道德始祖的崇敬和緬懷，更反映了大舜文化生生不息的生命力。

（三）源頭活水恩波遠 ── 舜井

舜在鑿井時遭遇父親瞽叟、弟弟象的陷害，卻用「龍工」之法挖出了兩處甘泉，稱作「舜井」，也叫「舜泉」。

從歷史上看，說舜挖掘了舜井、舜泉也是有依據的。舜所處的父系公社社會末期，已掌握了人工鑿井的技術。舜的臣下、東夷族另一首領伯益的一項重要創造發明就是人工鑿井。從考古材料看，山東龍山文化城址、岳石文化城址中都有人工挖掘的水井。所以，舜開鑿的舜泉、舜井的傳說，不僅有考古學的依據，還昭示著遠古人類已進入一個新的生活時代。

舜井在歷史上名氣很大，帝王將相、文人墨客、販夫走卒等游賞者絡繹不絕，留下了許多題詠詩句。從史料角度看，以唐宋八大家中的三位文學大家 ── 北宋歐陽脩、曾鞏、蘇轍的詩句最有價值。

歐陽脩詩中的濟南舜泉

北宋神宗熙寧元年（西元一○六八年），著名政治家、
文學家歐陽脩任青州知府，任期三年，在此期間他寫下了
〈留題齊州舜泉〉詩：

> 岸有時而為谷，海有時而為田，虞舜已歿三千年。
> 耕田浚井雖鄙事，至今遺跡存依然。
> 歷山之下有寒泉，向此號泣於旻天。
> 無情草木亦改色，山川慘淡生雲煙。
> 一朝垂衣正南面，皋夔稷契來聯翩。
> 功高德大被萬世，今人過此猶留連。
> 齊州太守政之暇，鑿渠開沼疏清漣。
> 游車擊轂唯恐後，眾卉亂發如爭先。
> 豈徒邦人知樂此，行客亦為留征軒。

從詩中可知，歐陽脩認為：第一，濟南的舜井是大舜的
遺跡，也就是說，歐陽脩堅持「舜耕歷山在濟南」的觀點；
第二，歐陽脩之前的齊州太守曾做過「鑿渠開沼」工作，以
疏濬舜泉的溢水，可證明北宋時舜泉周圍是池潭和沼澤，流
出的水形成了一條水渠；第三，北宋時濟南舜井是人氣旺盛
的旅遊勝地，車水馬龍，熱鬧非凡。

此詩由蘇軾書寫立碑，成為舜祠、舜泉的著名景觀。金
元之際文人元好問在〈濟南行記〉中記載，舜井處「有歐陽
公詩，大字石刻」，即指此詩。乾隆《歷城縣志》卷二十四

第八章　茫茫舜跡在濟南

〈金石考二〉載，元朝至元十八年（西元一二八一年），張之翰也說：「舜泉在歷下，古今題詠固多。干戈以來，唯歐公詩刻在。」

曾鞏〈舜泉〉詩中的舜泉

北宋神宗熙寧四年（西元一〇七一年）至熙寧六年（西元一〇七三年），曾鞏擔任齊州（治今濟南）知州。在濟南，曾鞏可謂為官一任，造福一方，對濟南的建設做出了卓越貢獻。他主持修建了濟南北水門、大明湖百花堤、百花臺和北渚亭、環波亭、水香亭等，以及鵲華、百花、芙蓉、水西、湖西、北池、百花瀠源七橋，使當時的西湖（今大明湖）成為濟南的一大名勝。

曾鞏的最大文化功績，是在〈齊州二堂記〉中令人信服地否定了「舜耕歷山」的「歷山」在河東（位於今山西境內）的說法，肯定了「齊之南山為歷山，舜所耕處」的說法。

曾鞏出任齊州知州後的第一件大事就是拜謁舜廟，並寫下現存最早的舜祠祭文〈齊州到任謁舜廟文〉：

> 維帝側微之初，躬耕此土，歷數千載，盛德彌新，傳於無窮，享有廟食。鞏受命出守，敢陳薄薦。維帝常垂陰施，惠此困窮，庶使遺民，永有依賴。

現在大明湖東北岸，有一座木瓦結構的古式庭院，叫「南豐祠」，就是為了紀念南豐先生曾鞏而建造的。

曾鞏對濟南山水更是情有獨鍾，在濟南任職期間曾遊覽舜泉，寫〈舜泉〉詩讚曰：

山麓舊耕迷故壟，井干餘汲見飛泉。
清涵廣陌能成雨，冷浸平湖別有天。
南狩一時成往事，重華千古似當年。
更應此水無休歇，餘澤人間世世傳。

濟南舜井街舜井旁鐫刻曾鞏的〈舜泉〉詩

曾鞏首先用「山麓舊耕迷故壟」來否定像迷宮一樣的其他歷山，肯定這裡就是舜耕歷山的歷山腳下。舜井井水溢出，欄杆周圍飛泉湧出，而所流入之「平湖」則是古代的歷

第八章　茫茫舜跡在濟南

水陂，當時的西湖，今世的大明湖。「清涵廣陌能成雨」、「重華千古似當年」，似乎是講舜泉有致雨的神力，就像當年的重華（舜）號召夷夏聯合治水一樣。可見，在北宋曾鞏之前，已有舜、舜井能致雨、「餘澤人間」的說法了。

蘇轍詩中的舜和舜泉

就在曾鞏離任濟南的熙寧六年，蘇轍來到濟南。蘇轍是濟南山水的曠世知音，尤其痴迷於濟南舜泉，他想方設法謀得齊州掌書記一職，不圖官位，只求一睹舜泉的風采，充分表現了這位文學才子的任性和專注。他在〈舜泉詩並序〉中說：

始余在京師，遊宦貧困，思歸而不能。聞濟南多甘泉，流水被道，蒲魚之利與東南比，東方之人多稱之。會其郡從事闕，求而得之。既至，大旱幾歲，赤地千里，渠存而水亡。問之其人曰：「城南舜祠有二泉，今竭矣。」越明年夏雖雨而泉不作，人相與驚曰：「舜其不復享耶！」又明年夏，大雨霖，麥禾薦登，泉始復發。民歡曰：「舜其尚顧我哉！」泉之始發，潴為二池，釃為石渠，自東南流於西北，無不被焉。灌濯播灑，蒲蓮魚鱉，其利滋大。因為詩，使祠者歌之。詩曰：

歷山岩岩，虞舜宅焉。虞舜徂矣，其神在天。其德在人，其物在泉。

神不可親，德用不知。有冽斯泉，下民是祇。泉流無疆，有永我思。

源發於山，施於北河。播於中逵，匯為澄波。有鱉與魚，有菱與荷。

蘊毒是泄，汙濁以流。埃壒消亡，風火滅收。叢木敷榮，勞者所休。

誰為旱災，靡物不傷。天地耗竭，泉亦淪亡。民咸不寧，曰不享耶。

時雨既澍，百穀既登。有流泫然，彌坎而升。溝洫滿盈，蝦蛙沸騰。

匪泉責米，帝實顧余。執其羔豚，蘋藻是蒩。帝令在堂，泉復如初。

又有〈舜泉復發〉詩：

奕奕清波舊繞城，旱來泉眼亦塵生。
連宵暑雨源初接，發地春雷夜有聲。
復理溝渠通屈曲，重開池沼放澄清。
通衢細灑浮埃淨，車馬歸來似晚晴。

蘇轍於北宋神宗熙寧六年（西元一〇七三年）夏到熙寧九年（西元一〇七六年）十月，在濟南居官三載，親眼目睹了舜井一帶的盛況。蘇轍的文字向我們提供了如下訊息：

第一，蘇轍出任齊州掌書記之後的數年間，舜泉出現因大旱而乾枯、因雨霖而復湧的週期性循環。當年泉水復湧時，如發地春雷，洶洶有聲，形成兩個水池，匯為石渠，溝洫滿盈，水勢強盛，溝渠中蒲蓮叢生，魚鱉蝦蛙（ㄇㄧㄣˇ，蛙或蚌）

第八章　茫茫舜跡在濟南

大量出現。

　　第二，詩、敘中「自東南流於西北」、「施於北河。播於中逵，匯為澄波」、「奕奕清波舊繞城」之句，指明了舜泉之水的流向。復湧後新建的石渠同歐陽脩講的齊州太守所開的「繞城」土渠，走的是同一條路線。「自東南流於西北」，石渠引水入歷水古道（北河），然後橫穿連接東西城的中央大街（中逵），匯入碧波蕩漾的大明湖（澄波）。

　　唐元和十年（西元八一五年）以前，歷城西南趵突泉的北面、今五龍潭一帶是大明湖，稱作「西湖」。再往北，在今大明湖西北一帶，是歷水陂，即今大明湖的前身，面積不大。當時，比大明湖、歷水陂更大、更為著名的是歷城北的鵲山湖。唐朝元和十年濟南城有過一次大規模擴建，沿今西護城河到大明湖北岸一帶修築了高大的城牆，因當時城西有古大明湖，城北有鵲山湖，築城用土只能在城牆內挖掘。城牆築好後，在城內北部和西部地區形成了大片低窪地，城內諸泉匯入濼水，因流入鵲山湖的水道被城牆隔斷，諸泉水匯入低窪地，形成了今日的大明湖，它的前身就是歷水陂。

　　蘇轍所說的舜泉、歷水的走向可以印證這一演變過程。清乾隆《歷城縣志》卷九〈山水考四〉引《太平寰宇記》曰：「歷水在縣東門外十步。按《三齊記》云：『歷水在歷祠下，泉源競發，與濼水同入鵲山湖。』」這是唐元和十年

以前舜泉、歷水的走向,也說明舜泉及周圍的香泉(舜祠西廡下的西舜井)、鑒泉、杜康泉匯合在一起成為歷水陂、鵲山湖的水源。

清乾隆《歷城縣志》卷九〈山水考四〉載:「湖水,宋、元人皆云源出舜泉,今湖水與舜泉不通,或日地下有狀流也。」該志引金朝元好問〈濟南行記〉日:「水西亭之下,湖日大明,其源出於舜泉。」這是唐元和十年以後舜泉的走向,即舜泉周圍諸泉是原來歷水陂、今日大明湖的水源。蘇轍的詩和序反映了北宋時舜泉流入今大明湖的水道。到了清代,由於舜泉很少噴湧,湖水與舜泉不通,這條水道也沒有了。

第三,「因為詩,使祠者歌之」說明,當時的濟南人將舜泉視為大舜的遺澤而虔誠地加以祭祀,祭祀舜祠、舜井時還有專門的歌詞。蘇轍之所以寫〈舜泉詩〉,是為了給祭祀者提供更好的歌詞,也為祭祀大舜貢獻自己的綿薄之力,並向舜表示崇高的敬意。

元、明、清、民國時期舜井的週期性噴湧

舜井因魏晉南北朝、隋唐宋金時代井水湧溢不絕,故多以舜泉稱之。明清以來,由於長期停湧,一般被稱作舜井。上述歐陽脩、曾鞏、蘇轍的詩均以舜泉為題,可見宋代習慣稱舜井為舜泉。

第八章　茫茫舜跡在濟南

經過金末二十年的戰亂，舜泉雖仍有東西二泉，水沼的溢水仍然要經古歷水流入今大明湖，但同舜祠一樣，均已破敗不堪。因此，元好問寫下了「至今歷城下，有此東西泉。喪亂二十載，祠宇為灰煙。兩泉廢不治，漸著瓦礫填」的詩句。

元朝詩人王惲《秋澗集》卷七十四〈水龍吟〉載：「舜泉在濟南城中，自壬子年，水來去不常。今秋歲八月，余到官兩日，泉流復出，其深可歷，迴風蕭蕭，翠萍盈沼。邦人以為神來之兆。」王惲在元世祖至元十九年（西元一二八二年）赴濟南出任山東東西道提刑按察副使，到官兩日舜泉復出，可見此前泉水是時斷時續的。

明初，舜泉水量豐沛，經常性地湧溢於外。明成祖永樂二年（西元一四〇四年），山東按察司僉事晏璧作〈舜泉〉詩云：

巍巍舜廟歷城南，中有清泉味極甘。
流出迎祥仙館去，汪汪千頃泛波瀾。

金元以來，西舜井又名香泉，明人晏璧又作〈香泉〉詩云：

虞帝祠前春草芳，石池漾漾碧泉香。
源頭活水恩波遠，萬頃坡田擺柳黃。

214

　　由這兩首詩可以知道，當時西舜井是一個較大的石池，
池中碧波蕩漾，由舜井至珍珠泉一帶的池潭溝瀆密布，「汪
汪千頃泛波瀾」，舜井仍是大明湖的源泉。

　　然而，此後的局面急轉直下。由於地下水位大幅下降，
泉水噴湧洋溢的奇觀，僅西舜井香泉一泉可見，且六十年才
得一見，諸泉噴湧競發的現象也不復再現。晚明劉敕《歷
乘》卷三載：「香泉，舜祠西廡下，其水六十年一發，發
則沿街繞砌流入明湖，數月方休。」乾隆《歷城縣志》卷
九〈山水考四〉引明末清初濟南歷城人葉承宗《歷城縣志》
載：「香泉，在舜祠西廡下。其水六十年一發，發則奔溢滿
城，道生魚鱉。萬曆丁未一見。」萬曆丁未即萬曆三十五年
（西元一六〇七年），此年香泉噴湧，水溢滿城，魚鱉都被衝
了出來，連繫上述晏璧〈香泉〉的「石池」可知，明代西舜
井香泉在不噴湧時仍是一個石砌的深潭。

　　清代，舜井水流湧溢，可查的記載僅有兩次。第一次發
生在康熙四十二年（西元一七〇三年）春，王士禎《香祖筆
記》記於舜祠火災之後。這次噴湧，「井水忽溢高數尺，須
臾氾濫」、「井水出祠北，流入明湖，至今尚然」，持續時
間較長，給舜祠造成重大損失。

　　另一次發生在道光二年（西元一八二二年），據民國年
間修撰的《續修歷城縣志·總紀》載：「秋八月，舜廟井水

第八章　茫茫舜跡在濟南

溢，由刷律巷達院署，十餘日方止。」刷律巷位於舜祠西側，舜井水溢出後經刷律巷抵達巡撫衙門，由此可以確定此次水湧之井為西舜泉（香泉）。

清代歷城人、著名學者馬國翰〈舜井詩〉云：「訪古歷山門，猶存舜時井。汲出至人心，瀰瀰逐修綆。」據此詩敘述，此時的舜井不再是溢流於外的水泉，也沒有了瀟水的池潭，已變成需要用水桶和綆汲水的井了。

據孫進之《濟南山水古蹟考》記載，韓復榘督魯期間的某年秋天，舜井復發，縣西巷水深沒過小腿，人們都蹚水而行，這應是舜井最後一次噴湧。

章丘人王化東於一九四一年編輯出版的《濟南名勝古蹟輯略》記載：「舜泉，在南門裡舜井街，一名舜井。今設國醫專科學校並慈善醫院。內有方井一，相傳以神術制伏一蛟，井前豎一石碑，書『龍虎護法』四字，旁刻細字數行，年遠漫滅，不可辨識。供一木牌──『聖井龍泉通海淵脈之神』。」

一九六〇年代中期，拆除舜祠改建六十五中學，西舜井（香泉）被填埋在建築物下。東舜井也一度被填埋，直到一九八五年修建舜井商業街時，才被重新疏濬。二〇一五年舜井街修成後，舜井仍然坐落在街西，現舜井呈井形，井口直徑零點五公尺，井沿上一根粗壯的鐵鏈通向井中。四周繞以石雕欄杆，欄杆中間鑲嵌的石板上鐫刻著魏炎、曾鞏、乾隆的舜泉詩。

石龜沉井、舜井鎖蛟、鐵樹開花的傳說

關於舜井的神話傳說，早在南北朝時期就出現了。前面講到的「帝釋變作一黃龍，引舜通穴往東家井出」的神話，就是從北魏開始流傳的。金元以後舜井呈週期性噴湧，又演變出「石龜沉井」和「舜井鎖蛟」的神話傳說。這些神話傳說，也是舜井文化的重要組成部分。

乾隆《歷城縣志·雜綴二》引《鑄雪齋別集》記載了「石龜沉井」的故事。

一日，明代王雲芝先生入虞帝廟，正倚著廊誦咒，忽然西廊廡邊的舜井中泉水噴湧氾濫，水漫溢出舜廟，橫流街衢。先生身邊的人得知消息，趕緊前往探視，但廟門緊閉不能進入，呼喊也沒回應。來人登上廟牆察看，只見先生不停誦咒。濟南府縣官員集結，派衙役涉水翻牆而入，打開廟門，扶先生出來。先生嘆氣說：「石龜已露頂矣，今門已開，又復下沉，深可痛惜。」原來，王雲芝先生得到一本石函書，只有下卷沒有上卷，書中說：「上卷在舜廟西廡井內石龜腹中。」所以，先生到舜廟中誦咒，使舜井泉水噴湧，希望井底的龜能順著泉水出來，從石龜的腹中取出書的上卷。可惜的是，石龜剛剛露出頭頂，廟門大開，石龜又沉入井底，再也不出來了。

第八章　茫茫舜跡在濟南

　　舜井鎖蛟、鐵樹開花的傳說，在濟南幾乎人人耳熟能詳。

　　現在舜井井口上掛著一條鐵鏈，傳說這是大禹治水時降伏了一條破壞河道的蛟龍，將牠鎖在井內。這個故事是這樣的：相傳大舜時東海有一條「黑蛟」，名叫巫支祁（無支祁）。牠多次向舜提出要當天下首領的要求，都被舜拒絕了。後來，舜確立禹為繼承人，巫支祁懷恨在心，欲破壞禹的治水成果。他令東海魚鱉一起發動洪水，淹沒了歷山和濟南周圍的村莊。大禹來到舜的家鄉歷山下，把無家可歸的百姓轉移到泰山、興隆山、龍洞山上。大禹懷揣照妖鏡，身帶定海針，手挽降魔鐵索，乘木伐在風浪中與巫支祁搏鬥。他拋出降魔鐵索，把巫支祁打倒在地，鎖在舜井裡。禹答應巫支祁，等到鐵樹開花，便可放牠出來。

　　這個神話產生於禪讓制和舜倡導的夷夏聯合治水的背景下。由於堯舜時期是氏族民主時代的禪讓制，巫支祁才異想天開，希望舜把天子的位置禪讓給他。結果舜非但言辭拒絕，還確立禹為自己的繼承人。等到大禹到歷山治水，治水工程已進入尾聲時，仍然遭到巫支祁的破壞，反映了大禹治水的艱難和漫長。

　　鐵樹開花有多個版本，還另外有扁擔發芽的說法，它的基本情節是：

　　清末，有個從外地來的差役到舜井邊喝水，順手把頭上的紅纓帽掛在了井口的鐵柱上，不一會兒，他猛然聽到「轟隆隆」、「嘩啦啦」一陣響，井水噴湧了上來，幸遇一當地老人馬上取下紅纓帽子，井水才緩慢回落。原來是蛟龍以為是「鐵樹開花了」，便蠢蠢欲動。

　　韓復榘督魯時期，馬路上開始有了電燈。韓復榘為父親做壽，把舜井街上的木頭電線桿換成了鐵架形。正在井底沉睡的蛟龍，見到井口鐵架子異常明亮，以為是鐵樹開花，就想掙斷鐵索飛出井外，因此攪得井水外冒。有當地老者見狀驚恐萬分，連忙對著井口大聲呼喊：「那是電燈不是鐵樹開花！」數聲過後，井水才慢慢平復。

　　再後來，南山有一壯漢砍了一擔柴，挑到濟南來賣，順便到舜井看「黑蛟」。他不等放下柴擔，就急忙往井裡看，哪知一條「大黑蛟」突然從井裡飛出，搖頭擺尾直向東海飛去。人們來到舜井時發現，鐵鏈早已不在井內。原來這個壯漢砍的柴上，不僅帶有青青的葉子，還帶著各種顏色的鮮花，扁擔兩頭包著鐵皮，巫支祁認為是「鐵樹開花」、「扁擔發芽」了，便掙斷鐵索飛出井外，逃回東海。從此，人們只看見舜井裡有條鐵索，卻不見「黑蛟」的蹤影了。

（四）萬古遊人吊舜皇 ── 水神、泉神、雨神

　　舜祠、舜井被視為大舜遺澤，不僅是人們憑弔與緬懷大舜、寄託敬仰之情的所在，還是人們對舜帝遐思、改造的載體。

　　至晚從十六國時期歷祠出現開始，舜就被濟南民眾尊奉為歷水之神了。延至唐、宋、元，舜又被濟南人奉為泉神和雨神。唐代魏炎「時聞洶洶動綠波，猶謂重華井中在」的詩句，似乎說明是舜的神力在操縱著泉水的噴湧。基於這種信仰，到宋代舜便成為湧動泉水、滋潤萬物、保佑黎民的泉神了。由蘇轍〈舜泉詩並序〉可知，見舜泉乾枯，百姓都驚恐不安地說：「舜其不復享耶！」泉始復湧，百姓又欣喜若狂地說：「舜其尚顧我哉！」凸顯了濟南人民對舜這位泉神的敬畏和期待。蘇轍的〈舜泉詩〉歌曰：「有洌斯泉，下民是祇。泉流無疆，有永我思。」說明舜這位泉神確實能湧動泉水，保佑萬民，因此民眾就像蘇轍說的那樣「執其羔豚，蘋藻是菹」，即以羊豬為牲牢，以蘋藻為菹菜，來供奉舜帝這位泉神，祈求他的保佑和眷顧。

　　金元時期，舜和舜井「致雨禳災」的形象十分明確。王惲《秋澗集》卷七十四〈水龍吟〉（八）：「泉流復出……邦人以為神來之兆。」在濟南人心目中，舜是胸懷天下、勵精圖治的聖君，當然不會有狹隘地方主義，不會只在舜泉噴

湧時才回來眷顧，因此張起岩〈迎祥宮碑記〉碑銘認為，舜和舜井興雲致雨的範圍遠遠超出濟南，能「氣綿倉悟，霖雨八區」。甚至到了近代，舜井仍有「聖井」之稱。

從宋代開始，城內舜祠與舜井相依相存，除了常規的祭祀、拜謁之外，還成為濟南民眾甚至是朝廷禱雨禳災的場所。

舜帝致雨禳災的能力，在元武宗時得到了驗證。乾隆《歷城縣志·古蹟考四》引元代李國鳳〈濟南郡公張宓神道碑〉載，山東宣慰使、濟南郡公張宓任尚沐奉御時，元武宗要他陳述古代聖人可以效法者，張宓進言：「臣家濟南，帝舜廟在焉。舜，聖人也。」接著向武宗講述了舜孝親的幾件事例，又說：「帝王之德，莫大於孝。」至大二年（西元一三〇九年），山東發生旱災和蝗災，元武宗命張宓到濟南舜廟致禱救災，「訖事而雨，蝗則近死。還奏，稱旨」，為此，元武宗賞賜了張宓一件金織衣。朝廷派官員到濟南舜廟祈雨禳災，消弭了一場災荒，此事引起天下轟動，從此舜廟的香火更加旺盛。

明代濟南歷城人李攀龍寫有〈舜廟哭臨大雪〉一詩，雖然詩意晦澀難明，但僅從詩題看，便可知道那時民間不僅尊舜為水神、泉神和雨神，認為舜能興雲致雨，還把他的神權擴大為能操縱止雪或下雪，故而有「舜廟哭臨大雪」的舉動。

第八章　茫茫舜跡在濟南

　　清朝中葉以後，由於舜井噴湧難得一見，濟南禱雨之地由舜祠轉移到龍洞和五龍潭了。當然，常規的祭祀和拜謁仍然奉行不替。據清代道光《濟南府志》卷十八記載，清代舜祠的祭舜大典在每年仲春和中秋各舉行一次，由山東巡撫主祭，有時由布政使代理。娥皇、女英的二妃祠在舜廟重華殿的西側，與虞帝大舜同時致祭。

　　中國社會的神靈信仰特點鮮明，主要表現在偶像崇拜的多元性和祈禱活動的實用功利性。偶像崇拜的多元性表現在同一個神靈可以做多種解釋，如中國的門神、財神都有多個人選。泰山神原本是東嶽大帝，後來碧霞元君喧賓奪主，坐鎮泰山頂。尤其是具有地域特色的水神、河神、土地神、城隍神等，多由有功於當地的人物來充當，只要當地民眾一致擁戴，就能被尊奉為神，他們可以連選連任，但群眾如果發現新的人選，也可撤換。興雲致雨的神靈既有龍王，又有許多地域性水神、河神，而在山東濟南則是雨神大舜。說到祈禱活動的功利性，《國語·魯語上》中春秋時期的柳下惠講得最露骨：民眾之所以祭祀祖先和前哲令德之人，是因為「有功烈於民者也」；祭祀日月星，是「民所以瞻仰也」；祭祀木火土金水等「地之五行」，是「所以生殖也」；祭祀「名山川澤」，是「所以出財用也」，「非是不在祀典」。也就是說，所有祭祀的對象都是能夠造福民眾的人和物，對民眾生

活無用的一概不祭祀。這種祭祀活動的實用功利性，反映了在生產力低下的情況下，民眾對造福人類的偉大人物的肯定和崇敬，對養育人類的日月星辰、社稷山川的感謝和希冀。濟南人民對舜、舜祠、舜井的祈求和祭祀，鮮明地反映了這一信仰特徵。他們之所以選擇了舜為水神、泉神、雨神，用柳下惠的話說是因為舜「有功烈於民者也」，舜和舜泉一直是濟南民眾泉水潺潺、風調雨順的精神寄託。

然而，讓中華民族的人文道德始祖擔任濟南的水神、泉神、雨神，未免有點委屈。因此，所有古代典籍都是影影綽綽地暗示，沒有一條典籍明確宣稱舜是濟南的水神或者泉神、雨神等等。張必在元武宗面前肯定講過舜能興雲致雨，不然元武宗不會派他到舜廟祈雨禳蝗，但他也沒講舜是濟南的雨神或者泉神，只是說他是聖人。結合後面要講的趵突泉最早的娥英祠，趵突泉水被稱為「娥英水」，娥英水之神即趵突泉之神為娥皇、女英，舜和娥皇、女英就是泉城濟南的泉神的觀點是有據可循的。

大明湖畔覓舜跡

大明湖歷史悠久，北魏酈道元《水經注》卷八〈濟水二〉載：「其水北流為大明湖，西即大明寺，東、北兩面側湖」，這是古大明湖。唐元和十年（西元八一五年）以後，

第八章 茫茫舜跡在濟南

歷水陂擴大為今大明湖。宋代,大明湖稱西湖。

以舜泉及周圍諸泉為水源的歷水與以趵突泉為水源的娥英水(瀊水)是濟南古城的母親河,歷水之神為大舜,娥英水之神為娥皇、女英。兩條河水都注入歷水陂,歷水陂又是今天大明湖的前身。因此,大明湖有大舜文化景觀由來日久,現存的主要有北渚橋和聞韶驛。

(一)北渚亭、北渚橋

乾隆《歷城縣志·古蹟考二》引《水經注》載:「瀊水北為大明湖,西即大明寺,寺東、北兩面側湖,此水便成淨池也。池上有客亭……」該志又引元人於欽《齊乘》曰:「詳《水經注》,則大明湖亦源於瀊。城西五龍潭側,古有北渚亭,豈池亭遺跡耶?」唐代詩人杜甫〈陪李北海宴歷下亭〉有「東藩駐皁蓋,北渚凌清河。海右此亭古,濟南名士多」的詩句。可知,北渚亭也稱客亭,和歷下亭同樣最早建在古大明湖,位置在今濟南五龍潭一帶,當時今大明湖的絕大部分還是陸地。

濟南大明湖的北渚橋

　　北宋熙寧五年（西元一〇十二年），齊州知州曾鞏在今大明湖北岸重建北渚亭。清代光緒修《山東通志》卷三十四稱：「北渚亭在大明湖上，宋熙寧五年齊郡太守曾鞏建。」、「北渚」二字近取杜甫詩句，遠取《楚辭・九歌・湘夫人》「帝子降兮北渚」的原典。所謂「帝子」，就是帝堯之女、帝舜二妃娥皇、女英。北渚亭在宋金元時期是享譽四方的濟南名勝，北宋文學家曾鞏、蘇轍、晁補之，元代學者郝經，都留下了歌詠北渚亭的詩句。明代以後，北渚亭逐漸圮毀。二〇〇七至二〇〇九年大明湖擴建時，於東湖西北端修「北渚橋」，以為紀念。

第八章　茫茫舜跡在濟南

（二）聞韶驛、聞韶館、聞韶臺

　　韶，即舜所作〈韶〉樂，是舜創作的樂章之一。大明湖畔的館、臺、驛以「聞韶」命名，是濟南民眾懷念舜在音樂上的創舉。乾隆《歷城縣志‧古蹟考三》引明末王象春《齊音》：「聞韶館在城中湖上，城北又有聞韶臺。」該志稱：「按舊志，大明湖南又有聞韶驛。」可知，明代大明湖上和湖畔建有聞韶館、聞韶臺和聞韶驛。其中，湖南的聞韶驛可能是濟南府驛站的名稱。後來，這些建築逐漸坍廢。

　　二〇〇七至二〇〇九年大明湖擴建時，在今大明湖東北岸重修了聞韶驛。

濟南大明湖的聞韶驛

▎趵突泉的舜跡

趵突泉是泉城濟南的象徵與標誌，被譽為「天下第一泉」，也是最早見於古代文獻的濟南名泉。早在兩千六百年前的編年體史書《春秋·桓公十八年》中就有「公（魯桓公）會齊侯（齊襄公）於濼」的記載。

北魏酈道元《水經注·濟水》載：「（濼）水出歷城縣故城西南，泉源上奮，水湧若輪⋯⋯俗謂之娥姜（英）水，以泉源有舜妃娥英廟故也。」

道光二十年（西元一八四〇年）所修《濟南府志》卷十八〈祠祀·歷城〉也載：「二妃祠舊名娥英廟，在趵突泉。」

趵突泉流出的水，古時稱「濼水」，向北流入古大明湖、歷水陂，與歷水匯合，自濼口流入濟水。早在北魏酈道元之前，趵突泉附近就有舜妃娥英廟，趵突泉流出的濼水被命名為「娥英水」。可見早在一千五百年前，娥皇、女英就被尊奉為主管趵突泉和濼水的泉神和水神了。

《水經注》、《魏書》記載的娥英祠，歷經滄桑，後荒圮不堪，化為廢墟。北宋熙寧四年（西元一〇七一年）至熙寧六年（西元一〇七三年），著名文學家曾鞏知齊州，在古代娥英祠的舊址上建二堂，南堂緊臨濼水之源，故稱「濼源堂」；北堂因南對歷山，曰「歷山堂」。曾鞏修建二堂的同

第八章　茫茫舜跡在濟南

時，並作〈齊州二堂記〉，正式賦予濼水之淵以「趵突泉」的名稱，說明修建二堂是為了「於濼水之上以舍客」，作為官方的旅館，對歷山、濼水進行了周詳的考證，確認《史記·五帝記》所云「舜耕歷山」的歷山即濟南之歷山等，對濟南的歷史文化地位產生了巨大影響。

濟南趵突泉的濼源堂

曾鞏修齊州二堂不久，北宋元豐（西元一〇七八至一〇八五年）年間在歷城東重修舜祠，將廟山舜祠遷到城內，與歷水源頭的歷祠合二為一，新修的舜祠兼祭娥皇、女英，趵突泉畔的娥英祠失去了存在的必要。

濟南趵突泉的娥英祠

　　金元以後，齊州二堂改為呂祖廟，又稱呂仙祠、呂公祠。明末濟南人劉敕在《歷乘》中記載，呂仙祠為金元之際的元好問（號遺山）重建，並陳述其重建的原因是元好問巧遇了八仙之一的呂仙呂洞賓。明朝都轉運使張奎光又改呂仙祠為呂仙閣，在祭祀呂仙的同時，「增祀文昌、鐘離像」。

　　對齊州二堂改為呂祖廟，二堂布局演變為三殿，由於缺乏史料記載，後人並不十分清楚。《續修歷城縣志》引清代詩人范坰詩曰：

　　曾向名泉唱楚辭，何人改建呂公祠。
　　濼源堂上塵心遠，記取遺山入夢時。

第八章　茫茫舜跡在濟南

該志注釋說：「呂公祠在趵突泉上，不知所原起。元遺山太原遇仙事，是金以前即有之，而〈濟南行記〉獨不敘此，未識何據。即娥英廟亦不知何時廢也。」

清初詩人、文學家王士禎尤為關注娥英祠，他在《香祖筆記》中呼籲：「娥皇女英祠在趵突泉，今廢。曾子固（曾鞏）詩『層城齊魯封疆會，況有娥英詫世人』。俗人但知呂仙祠矣。」他還寫了一首〈娥英祠〉詩，對娥英祠的荒廢表示遺憾：

> 濼源通北渚，當日祀英皇。
> 帝子何年去，靈祠幾代荒。
> 九歌怨蘭芷，二水似瀟湘。
> 彷彿雲和瑟，青峰寫恨長。

清順治十一年（西元一六五四年），道員何啟圖改中殿歷山堂為閣，上層祠文昌，下層祀鐘離，同時將閣後李公祠改祀斗母，稱「斗母宮」，前殿仍祀呂祖呂洞賓。後來，三殿通稱「呂祖廟」。

據毛鴻賓〈重修趵突泉祠宇記〉載，清咸豐四年（西元一八五四年）年四月至八月重新修繕呂仙祠，並疏濬趵突泉三窟。該記的作者毛鴻賓親自參與了修繕，記中盛讚呂仙護佑濟南之「靈應」，三大殿的布局應該是維持原狀，仍然沒有娥皇、女英。

230

三大殿坐北朝南，建在同一中軸線上，是趵突泉畔著名的明清建築。最南第一大殿為濼源堂，為高架兩層閣樓，歇山飛檐，紅漆木檻柱，黃色琉璃瓦，金碧輝煌，蔚為大觀。門上匾額，鎦金隸書「濼源堂」。抱廈楹柱，懸掛木刻楹聯「雲霧潤蒸華不注，波濤聲震大明湖」，摘自元代書畫家趙孟頫詠〈趵突泉〉詩句。殿前為卷棚式廈檐，殿臺臨水，是觀賞趵突泉景的最佳之處。

中間二大殿即原來的歷山堂，也是高架兩層閣樓，紅柱綠瓦，熠熠生輝，可與濼源堂媲美。現二大殿為娥英祠，正中是娥皇、女英雕像，北、東、西牆上有「娥皇女英下嫁虞舜」、「瞽象害舜敗手報信」、「舜崩蒼梧淚灑瀟湘」、「井廩之難娥英救舜」等相關人物壁畫。

最北面的三聖殿為單層殿堂，古樸元華。三聖殿亦稱三聖宮，原為斗母宮，始建於明朝。現殿內雕像為堯、舜、禹和皋陶、契、后稷、伯夷等四大臣。周圍東、西、北三面牆上有「舜耕歷山三年成都」、「巡守東嶽制禮作樂」、「堯禪於舜試之百方」、「大禹治水以定九州」以及相關人物壁畫。

觀覽趵突泉娥英祠、三聖殿的雕像和壁畫，使人自然而然地聯想到魏晉南北朝時期獨立於趵突泉畔的娥英祠和潺潺流出的娥英水、娥英河，由趵突泉到舜田門內的舜井，是舜一家人生活的家園，也是「舜耕歷山三年成都」的中心，娥

第八章　茫茫舜跡在濟南

皇、女英是最早結識、主宰趵突泉和瀲水的水神、泉神。早在一千六百多年前，濟南民眾在緬懷舜和娥英二妃時，就把這裡的土地、山水當成對她們的精神寄託了。

電子書購買

國家圖書館出版品預行編目資料

上古禪讓者之末大舜：暢談遠古傳說、辯論禪讓爭議、走訪帝王遺跡，還原不一樣的聖人形象 / 秦永洲著 . ─ 第一版 . ─ 臺北市：崧燁文化事業有限公司 , 2023.04
面 ； 公分
POD 版
ISBN 978-626-357-224-9(平裝)
1.CST:（虞）舜 2.CST: 傳記 3.CST: 中國史 4.CST: 上古史
621.18   112002897

上古禪讓者之末大舜：暢談遠古傳說、辯論禪讓爭議、走訪帝王遺跡，還原不一樣的聖人形象

臉書

作　　者：秦永洲
發 行 人：黃振庭
出 版 者：崧燁文化事業有限公司
發 行 者：崧燁文化事業有限公司
E - m a i l：sonbookservice@gmail.com
粉 絲 頁：https://www.facebook.com/sonbookss/
網　　址：https://sonbook.net/
地　　址：台北市中正區重慶南路一段六十一號八樓 815 室
Rm. 815, 8F., No.61, Sec. 1, Chongqing S. Rd., Zhongzheng Dist., Taipei City 100, Taiwan
電　　話：(02) 2370-3310　　傳　　真：(02) 2388-1990
印　　刷：京峯彩色印刷有限公司（京峰數位）
律師顧問：廣華律師事務所 張珮琦律師

─ 版權聲明 ─

定　　價：350 元
發行日期：2023 年 04 月第一版
◎本書以 POD 印製